문헌학자의 현대 한국 답사기 2

문헌학자의 ——— 답사기

현대
한국   2

버려진 것과
잊혀져 가는 것에 대한
기억록

펄물리거

김시덕

대서울의 경계를 넘어 한국으로

저는 전국을 두루 답사하는 사람입니다. 특히 옛날 지배계급의 문화 유산이 아닌, 우리 민주공화국 시민들이 살아온 흔적들을 기록하려 애쓰고 있습니다. 그와 동시에 전국 곳곳에서 빠르게 진행되는 변화를 기록해 방송과 책, 기사 등으로 소개하는 데 마음을 써 왔습니다. 이러한 작업은 급변하는 1980년대 한국의 모습을 기록한 뿌리깊은나무 출판사 '한국의 발견' 시리즈의 취지를 이어받아, 그로부터 30여 년 뒤 한국에서 일어나고 있는 변화를 기록하겠다는 각오에서 비롯된 것입니다.

전국을 답사하고 기록하며 소개하는 작업을 관심 있게 봐 주는 동료 시민들은 종종 이런 질문을 건넵니다. "선생님은 답사할 때 어떤 부분에 주목하시나요?" 그런 질문을 받으면 저는 이렇게 대답합니다. "전부 다 봅니다." 과장이 아닙니다. 현장을 다닐 때, 저는 모든 감각을 열어 놓고 천천히 걸으면서 공간의 정보를 모두 흡수하겠다고 생각합니다.

물론 답사 대상 지역으로 가기 전에 기초적인 조사는 합니다. 문헌과 영상 자료도 찾고, 지도 애플리케이션의 위성사진과 로드 뷰도 살핍니다. 하지만 답사 현장에는 제가 알지 못했던 발견이 반드시 있습니다. '거기 가면 이런 걸 볼 수 있을 거야.'라고 사전에 기대하는 내용과 답사 현장에

두 발을 딛고서야 비로소 두 눈으로 확인할 수 있는 정보의 양을 비율로 따져 보자면 50 대 50 정도 됩니다.

이런 답사 방법은 그동안 제가 논문과 책을 쓸 때도 마찬가지로 실천해 온 방식입니다. 글 쓰는 사람에게는 각자의 스타일이 있습니다. 어떤 분은 글의 첫 문장부터 결론까지 완벽히 시나리오를 완성한 뒤에 글쓰기를 시작합니다. 한편 저는 대략의 얼개를 짠 뒤에 글쓰기를 시작하지만 뚜렷하게 결론을 정해 두지는 않습니다. 글쓰기에는 글쓰기 고유의 논리가 있어서, 글을 쓰다 보면 제가 예상한 방향과 다르게 나아가는 경우가 많기 때문입니다. 또 이렇게 결론을 열어 두고 써야, 글 쓰는 저 자신도 글을 완성할 때까지 흥미를 유지할 수 있기 때문입니다. 그렇게 글 쓰면서 익힌 방법을 답사에도 적용하고 있는 것이지요.

『문헌학자의 현대 한국 답사기』는 1·2권, 총 4부로 이뤄져 있습니다. 이 가운데 제1권 제1부는 답사 방법론에 대한 설명입니다. 대부분 내용은 2022년 한 해 동안 《고교독서평설》에 실은 글을 바탕으로 한 것입니다. '문헌학자의 도시 산책'이라는 연재물이었습니다. 독자분들의 연령대와 지역적 분포를 고려하고, 또 시험의 예상 지문이 될 수도 있다는 생각으로 썼기 때문에 비교적 평이할 터입니다.

제1권 제2부와 제2권 제1·2부에는 그간 전국 곳곳을 답사하면서 확인한 내용을 소개했습니다. 대전역 주변 상황에 대한 글은 이 책을 위해 새로 썼고, 나머지는 2019~2022년에 쓴 원고들을 수정해서 실은 것입니다. 2020~2022년 《한국일보》에 '김시덕의 이 길을 따라가며'라는 제목으로 연재한 원고가 주를 이루고, 여러 매체에 게재한 길고 짧은 글도 아울러 담았습니다.

장기간에 걸쳐 여러 매체에 실은 제 원고를 전부 챙겨 읽기가 힘들다는 목소리를 동료 시민들로부터 자주 접해 왔습니다. 아무쪼록 이번에 졸고를 한자리에 모았으니, 제가 무슨 생각을 하고 어디에 집중하면서 도시를 답사하는지 잘 이해해 줄 수 있을 터입니다.

이번에 새로이 쓰고 다듬고 엮어 세상에 내놓는 『문헌학자의 현대 한국 답사기 1·2』는 『서울 선언』(열린책들, 2018), 『갈등 도시』(열린책들, 2019), 『관악구 문화 예술 기초 자료집: 관악 동네 역사』(관악문화재단, 2021), 『대서울의 길』(열린책들, 2021), 『양천 동네 이야기』(양천문화재단, 2022), 『우리는 어디서 살아야 하는가』(포레스트북스, 2022)에 이은 일곱 번째 도시 답사책입니다. 물론 이 책 자체만으로도 완결되어 있지만, 여섯 권의 전작을 순서대로 읽은 뒤에 『문헌학자의 현대 한국 답사기 1·2』를 읽는다면 그 내용을 좀 더 잘 이해하실 수 있으리라고 생각합니다.

도시에 대해 출판한 여섯 권의 전작과 이 책의 가장 큰 차이는 서울과 경기도라는 도시지역에 관심을 두고 시작한 답사가 어느덧 전국 곳곳의 도시는 물론 농촌, 산촌, 어촌 지역에까지 이르러 일종의 문명론 탐구라는 성격을 띠게 되었다는 점입니다. 산촌과 어촌을 잠식하며 전통 시대의 최종 승자가 된 농촌을 다시 도시와 공업지대가 잠식하는 한국의 근대화 과정을 들여다보는 깃이 요즘 제 주된 작업입니다.

2017년 여름에 도시 답사를 본격적으로 시작하기로 결심했을 때만 해도 제가 농촌 마을 어귀의 이장(里長) 공덕비를 읽고, 간척지의 제방 위를 걷고, 산길을 헤치며 화전민의 흔적을 찾게 될 줄은 꿈에도 몰랐습니다. '참 멀리까지 왔구나.'라는 감회를 답사 현장에서 자주 떠올립니다. 그 길의 끝에 무엇이 있을지가 정말로 궁금합니다.

이 책을 만들어 준 서동조·김지영 편집자를 비롯한 지학사 임직원 여러분, 이 책에 담은 글들을 실어 준 많은 매체의 관계자 여러분, 함께 전국을 누비고 있는 이승연·류기윤 선생님을 비롯한 답사 팀 멤버분들, 아내 장누리와 딸 김단비에게 감사의 말씀을 드립니다. 무엇보다도 제 활동을 변함없이 응원해 주시는 동료 시민 여러분, 감사합니다. 앞으로도 여러분을 믿고 나아가겠습니다.

2023년 가을,

김시덕

- 도판 번호는 장마다 1부터 새로 시작합니다.
- 도판은 왼쪽에서 오른쪽 순서로 봅니다.
- 도판이 많은 경우, 맨 윗줄에서 시작해 지그재그 방향으로 따라가며 보면 됩니다.

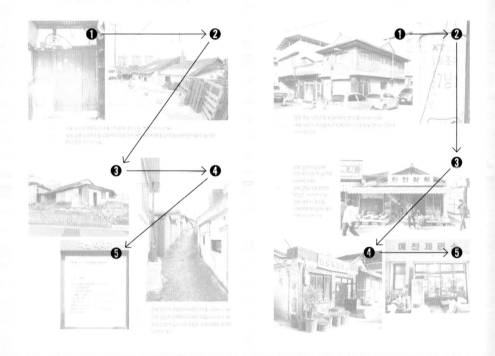

• 장 도입부의 **QR 코드**를 찍으면
주요 답사지를 구글 지도로
확인할 수 있습니다.

01
대전역의 동쪽과 서쪽
: 핫 플레이스와 공공 주택 지구

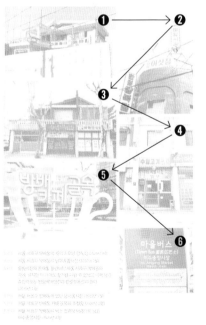

90년 대전 구도심의 현재

이 장에서는 곧 재개발이 시작될 경부선 대전역 주변을 답사합니다. "떠나가는 새벽 열차 대전발 0시 50분"이라는 가사로 잘 알려진 안정애의 노래 〈대전 부르스〉(1956)의 무대가 된 대전역은, 구한말인 1905년에 개업한 이래 100년 넘는 세월 동안 한반도 교통의 중심으로서 기능했습니다. 원래 공주에 있던 충청남도청이 1932년 대전역 근처로 옮겨 오며, 대전에서는 대전역과 옛 충남도청 건물 사이에 도심이 형성되었지요.

그때부터 90년 넘게 존속해 온 대전의 구도심에서는 현재 각종 재개발과 재건축 사업이 이뤄지고 있습니다. 이에 저는 몇 년 전부터 시간을 들여, 서울·경기권을 답사하듯 한 블록 한 블록 대전 구도심을 들여다보는 중이지요.

11

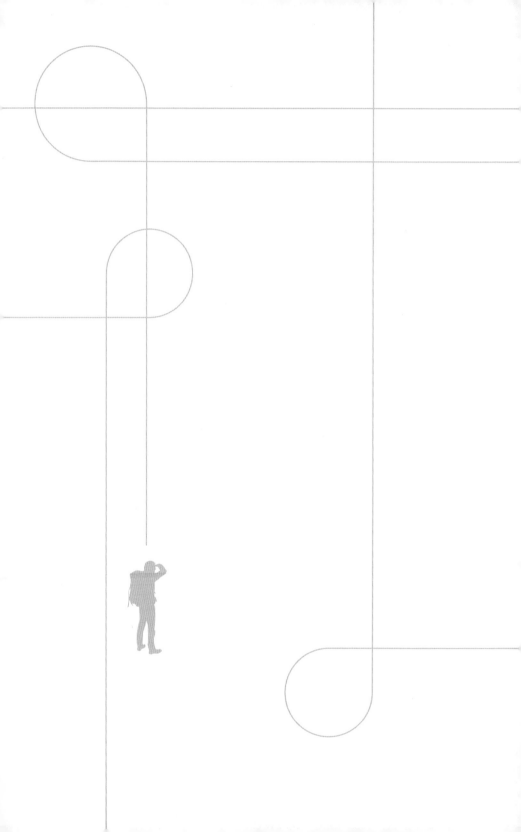

제1부

현대 한국의 탄생을 역추적하다

대전역의 동쪽과 서쪽

: 핫 플레이스와 공공 주택 지구

90년 대전 구도심의 현재

이 장에서는 곧 재개발이 시작될 경부선 대전역 주변을 답사합니다. "떠나가는 새벽 열차 대전발 0시 50분"이라는 가사로 잘 알려진 안정애의 노래 〈대전 부르스〉(1956)의 무대가 된 대전역은, 구한말인 1905년에 개업한 이래 100년 넘는 세월 동안 한반도 교통의 중심으로서 기능했습니다. 원래 공주에 있던 충청남도청이 1932년 대전역 근처로 옮겨 오며, 대전에서는 대전역과 옛 충남도청 건물 사이에 도심이 형성되었지요.

그때부터 90년 넘게 존속해 온 대전의 구도심에서는 현재 각종 재개발과 재건축 사업이 이뤄지고 있습니다. 이에 저는 몇 년 전부터 시간을 들여, 서울·경기권을 답사하듯 한 블록 한 블록 대전 구도심을 들여다보는 중이지요.

내전역 주변의 구도심에서 제가 특히 주목하는 지역은 두 곳입니다. 한 곳은 최근 핫 플레이스로 뜬 대전역 동쪽의 '소제동 철도 관사촌'이고, 또 한 곳은 공공 주택 지구 개발 사업 대상지로 설정된 대전역 서북쪽의 '여인숙·쪽방촌 거리'입니다. 이 두 지역이 과연 지금의 형태를 유지할지 아니면 신도시로 재개발되어 현재 모습이 사라질지, 그리고 두 가지 경우에 기존 주민의 삶은 어떻게 이어질지를 시간을 들여 지켜보고 있습니다.

소제동 철도 관사촌

1920년대부터 대전역 주변에는 수십 채 규모의 철도 관사촌이 조성되었습니다. 최근 몇 년 사이에 서울 익선동처럼 고택을 카페나 식당으로 개조하는 사업이 민간에서 진행되어, 핫 플레이스로서 이름을 들어 본 분도 계실 것입니다.

하지만 소제동이 요즘처럼 전국적으로 화제가 된 것을 의아하고 신기하게 생각하는 대전 분들을 종종 만납니다. 철도 관사촌은 역을 사이에 두고, 일반 시민들이 거주하는 지역과 반대 방향에 형성되는 경우가 있습니다. 대전 동구 소제동의 철도 관사촌이 바로 그렇습니다. 시가지와 반대 방향에 자리한 소제동 철도 관사촌은 대전 구도심의 끄트머리에 있고 슬럼화도 진행되다 보니, 평소에 대전 분들이 찾아갈 만한 지역은 아니었던 듯합니다.

이런 상황이다 보니 지난 몇 년 사이, 소제동 철도 관사촌을 중심으로 한 대전역 동쪽 지역에서 재건축 움직임이 활발했습니다. 제가 2019년

도판 1 　　　　 대전 동구 소제동 철도 관사촌의 2019년 풍경 (2019년 4월)

봄에 찾아갔을 때는 재건축을 위한 철거가 여기저기서 진행 중이었으며,
업소들은 차례로 폐업하고 있었지요. 이곳 고등학교 정문 앞에서 수십 년
간 영업하던 문방구점도 폐업했는데, 닫힌 셔터에 적힌 "64년 사는 동안

고향 주민 교사 학생 감사했습니다."라는 인사말이 마음에 절절히 와닿았습니다.

그렇게 금방이라도 철거가 완료될 것 같던 소제동 철도 관사촌. 하지만 앞서 말씀드린 것처럼 최근 몇 년 사이에 소제동 철도 관사촌은 마치 서울의 을지로처럼 뉴트로 분위기의 핫 플레이스로 알려지게 되었지요. 이 사이에 무슨 일이 있었던 걸까요?

2018년 소제동을 답사하다가 옛 우물가에서 주민분을 만나 이야기를 들을 수 있었습니다. 소제동 철도 관사촌에는 역장급이 살던 넓은 관사부터 그 아래 등급의 직원들이 살던 좁은 관사까지 여러 크기의 건물이 자리합니다. 이들 관사는 해방 후 적산 가옥으로서 민간에 매각되었지요. 일본이 조선을 식민지로 통치하던 시절에 형성된 건물과 재산을 미군정, 한국 정부가 한국 시민들에게 판매한 것입니다. 그런데 이때 넓은 면적의 건물을 산 분들은 재건축 때 아파트 입주권을 얻을 수 있지만, 좁은 면적의 건물을 산 분들은 입주권을 받기에는 재산 가치상 한계가 있다 보니 재건축에 반대한다고 주민분은 말씀해 주셨습니다.

흔히 토지주와 임대인은 재건축·재개발을 환영하고, 세입자와 임차인은 이를 반대한다고 이야기합니다. 그러나 실제로 재건축과 재개발이 진행되면, 일부 토지주와 임대인 또한 재정착하지 못하고 현재 살던 지역에서 퇴거해야 하는 경우가 종종 발생합니다. 바로 소제동에서 이런 일이 예정된 것 같았습니다. 그래서 재건축을 위한 철거 작업이 한창 진행되다 결국 주민 반발에 부딪혀 중단된 것이 2018년에서 2019년 사이에 제가 답사했을 때의 모습이고, 이후 서울 을지로 같은 핫 플레이스로 거듭나게 된 것입니다.

도판 2   대전 동구 소제동의 대창이용원 (2022년 11월)

저는 '대전·세종·청주권'을, '대서울'이나 '부산·울산·포항·거제권'에 맞먹는 독립적인 메가시티(megacity)로 간주하고 있습니다. 이렇게 대서울에 흡수되지 않고 대서울과 경쟁하는 관계인 대전·세종·청주권에서, 서울의 을지로나 성수동·문래동에서 봤던 '재건축·재개발 대 핫 플레이스화'의 갈등이 확인되는 것이 주목할 만해 앞으로도 시간 날 때마다 들러서 추이를 관찰하고 기록하려 합니다.

만일 여러분이 소제동 철도 관사촌을 방문한다면 뉴트로 감성의 카페도 좋지만 '대창이용원'이라는 옛 이발소가 입주한 건물과 그 옆에 서 있는 나무 전봇대를 잊지 말고 꼭 살펴보시길 바랍니다. 그곳이야말로 소제동의 지난 100년간을 압축한 것 같은, 시층(時層, time layers)이 응축된 멋진 공간입니다.

여인숙·쪽방촌 거리와 두부 두루치기

철도역이나 버스 터미널이 있는 곳에는 자연스럽게 여관 골목이 형성됩니다. 그리고 '성매매 집결지'가 여기에 결합하기도 하지요. 대전역 서북쪽의 여인숙이나 쪽방촌 거리가 바로 이런 경우입니다.

하지만 여관이나 여인숙보다 모텔, 호텔, 콘도 등을 이용하는 여행객이 늘어나면서 여인숙은 이름 그대로 '여인'(旅人), 즉 여행자가 묵는 곳이기보다는 저렴한 가격으로 장기간 거주할 수 있는 쪽방으로 그 기능이 바뀌기도 합니다. 이렇게 되면 그 일대가 슬럼화되어, 일반 시민들이 역 주변에 접근하기가 더욱 어려워지지요.

그간 대전시를 비롯한 여러 단체에서 대전역 서북쪽의 여인숙·쪽방촌 거리를 정비하거나 미화하려는 사업을 벌여 왔는데, 2020년 말 국토교통부와 한국토지주택공사, 대전시 등이 해당 지역을 '대전 동구 공공 주택지구'로 재개발한다는 안이 확정되었습니다. 이 사업이 시행되면 한동안 대전의 중심 역할을 하던 대전역 서쪽이 다시 한번 활기를 띨 것으로 예상합니다. 기존에 살던 세입자분들을 위해 임대주택도 마련된다고 하니 다행입니다만, 오고 가며 그곳에 단기적으로 머물던 저소득층 거주자분들은 앞으로 불편이 커지겠다고 생각합니다. 2022년 6월, 여인숙·쪽방촌 거리에는 개발에 반대하는 사람들이 내건 현수막이 걸려 있었습니다.

여인숙·쪽방촌 거리에서 서쪽으로 '대전로'라는 간선도로를 건너면, 서울의 종로·을지로 오피스가를 연상케 하는 블록이 펼쳐집니다. 이 블록을 천천히 걸으면서 구경하다 보면 대전의 대표 음식인 두부 두루치기를 잘한다는 '신도칼국수'라는 이름의 식당이 나타납니다.

도판 3　　　대전 동구 정동 여인숙·쪽방촌 거리의 2019년 풍경 (2019년 4월)

두루치기는 6·25전쟁으로 대전에 피란 온 한반도 북쪽 출신 주민들이
부족한 음식의 양을 늘려서 먹기 위해 개발한 요리인데, 이후 그 조리법
이 전국으로 퍼져 나갔습니다. 그런데 대전에서는 고기뿐 아니라 두부와

도판 4　　　대전 동구 정동 여인숙·쪽방촌 거리의 미화 사업 사례 (2019년 7월)

도판 5　　　대전 동구 정동 여인숙·쪽방촌 거리의 현수막 (2022년 6월)

칼국수까지 냄비에 넣어 요리해 먹는 것이 일반적입니다. 신도칼국수 말고도 대전역 주변의 두부 두루치기 맛집을 검색하면 괜찮은 식당을 여러 군데 찾으실 수 있을 터입니다.

그리고 '대전' 하면 빼놓을 수 없는 전국구 빵집 '성심당'이 대전역에 지점을 운영하고 있으니, 두부 두루치기를 드셨다면 대전역에서 성심당 빵도 사서 귀가하시면 되겠습니다. 참고로 이곳은 언제나 손님이 가득하니 시간 여유를 두고 방문하시길 바랍니다.

02

해방촌과 희망촌

: 6·25전쟁 피란민 수용소를 찾아서

1945~1953년, 피란민 수용소의 탄생

제국주의 시기 일본의 한반도 지배가 끝난 1945년부터 6·25전쟁이 중지된 1953년에 이르는 8년 사이, 500만여 명의 시민이 한반도 북부를 빠져나와 남쪽으로 피란을 왔습니다. 1950년 말 출신 지역에 따라 피란민의 수용지를 지정한 정부의 지침이 내려지자 피란민, 월남민, 또는 자조적인 심정을 담은 표현인 '삼팔따라지'들은 한국 전역에 배치되었지요. 개인적인 이야기를 하자면, 저의 아버지 쪽 집안은 평안북도에서 월남해 서울·경기 지역에 머물다가 부산으로 내려간 사례입니다.

이들 피란민이 자리 잡은 지역은 해방촌, 희망촌, 토막사, 소막마을, 수용소 등으로 불렸습니다. 그 가운데 '해방촌'은 8·15광복 및 분단, 6·25전쟁과 함께 한국에 들어온 한반도 북부 및 만주, 일본 등지의 시민들이

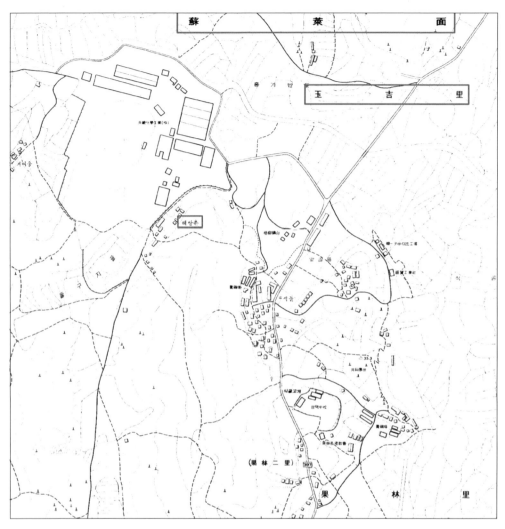

정착한 곳입니다. 현재 해방촌이라고 하면 서울 남산 남쪽 기슭의 고지대가 가장 유명하지만, 사실 '해방촌'이라는 지명은 전국에서 확인됩니다.

'희망촌'은 강원도 원주시에서 확인되는 지명입니다. 이 지역의 사업가였던 이재춘 선생이 서른 채의 건물을 지어 피란민들을 수용해 '희망을

도판 2   강원 원주시 학성동의 '이재춘 자선 기념비'. 희망촌을 건설한 이재춘 선생을 기려
피란민들이 성금을 모아 조성했다. (2020년 11월)

품게 되었다'는 뜻으로 희망촌이라고 불렸지요. 희망촌의 위치는 옛 원주역에 인접한 산기슭인데, 곳곳에서 원주로 모여든 피란민들을 서둘러 수용할 수 있도록 철도역 근처에 마련한 것 같습니다. 하지만 좋은 의미로 출발한 희망촌은 역 앞에 자리한 허름한 주거지역이라는 특성 때문에 성매매 집결지로 바뀌었고, 중앙선 원주역이 시 외곽으로 이전한 지금은 도시 재생의 대상이 되었습니다.

한편 '토막사'(土幕舍)는 흙으로 커다란 벽돌을 급하게 만들어 지은 막사라는 뜻으로, 충청남도 아산시 외곽에 마련된 피란민 정착 건물입니다. 지금도 둔포면의 '운용3리 토막사'와 선장면의 '선창3리 토막사'라는 버스 정류장으로 그 이름이 남아 있지요. 막사라는 이름에서 피란민 수용소 건물의 형태를 쉽게 상상할 수 있을 것입니다. 그런가 하면 오늘날 아산시 온천동의 '탕정수용소'에 정착한 이들은 된장을 만들어 팔아 생계를 꾸렸고, 그 때문에 이곳은 '된장 골목'이라 불리게 되었습니다.

도판 3　충남 아산시 둔포면의 '운용3리 신토막사' 마을 표지석 (2022년 4월)

'소막마을'은 부산 남구 우암동 부둣가에 형성된 피란민 정착촌으로, 소가 머물던 막사를 피란민 수용소로 사용했다고 해서 그런 이름이 붙었습니다.『광장』(정향사, 1961)을 쓴 소설가 최인훈은 후속작 격인『화두』(민음사, 1994)에서 1950년에 LST('Landing Ship, Tank', 전차양륙함)를 타고 원산에서 부산으로 피란 온 뒤 "교외의 어느 해변에 있는 도살장의 축사"에 묵었다고 회고한 바 있지요.

이곳 사람들은 피난의 첫날부터 우리를 따뜻이 받아들였고(LST로 부산에 닿은 우리는 곧 교외의 어느 해변에 있는 도살장의 축사로 옮겨져서, 칸막이가 된 시멘트 바닥에서 그날 밤을 보냈으므로 물리적인 뜻에서 '따뜻이'라고는 할 수 없겠지만, 그때도 가마니 여러 장석을 주었고, 마음'적'으로는 의심할 나위 없이 따뜻하였다.), 우리를 교육시켜 주었으며, 가족의 대부분은 장남의

무능에 견디다 못하여 외국으로 이주했을망정, 당자 자신은 한국 군대에서 충성스런 복무를 마치고, 어느쯤 한 성공을 이룬 소설이고 보면 (그것의 경제적 의미는 제쳐 두고) ― 군이 피난민이요, 유형자요 하고 엄살떨 것이 없지 않은가, 이렇게 나 자신에게 질문해 보지 않는 것은 아니었다.

― 최인훈, 『화두 제1부』, 민음사, 1994: 102~103쪽.

최인훈이 기억한 "도살장의 축사"들은 지금도 남아 있는데, 사실 이들 건물은 식민지 시기 조선에서 일본으로 소를 보내기 전에 질병 유무를 검사하던 검역소였습니다. 우암동 소막마을에는 함경남도 흥남에서 냉면을 팔던 분들이 피란 내려와 개업한 밀면 가게도 여전히 영업 중이어서, 마을의 유래를 증언해 줍니다.

피란민 수용소의 현재

그리고 수용소. 지명 가운데 피란민과 관련해 전국적으로 가장 많이 보이는 것이 '수용소'입니다. 충청남도 아산시의 '탕정수용소'처럼 단순히 수용소라고만 불리는 곳도 있으며 경기도 화성시 향남읍의 '수용소마을'이나 경상북도 영주시의 '숫골', 즉

도판 4 **부산 남구 우암동의 소막마을 (2019년 11월)**

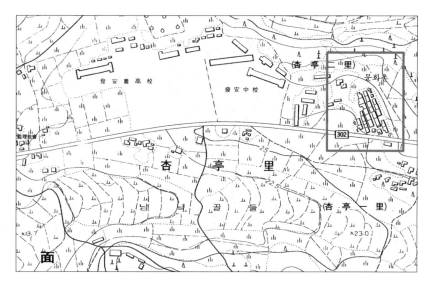

도판 5   1979년 지도에 나타난 당시 경기 화성군 향남면 행정리의 수용소마을인 문화촌.
수용소마을 가운데 일부는 주택 개량 사업 이후 '문화촌'으로 불렸다.

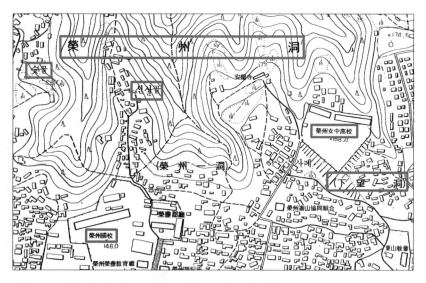

도판 6   1988년 지도에 나타난 경북 영주시 영주동의 숫골과 신사골

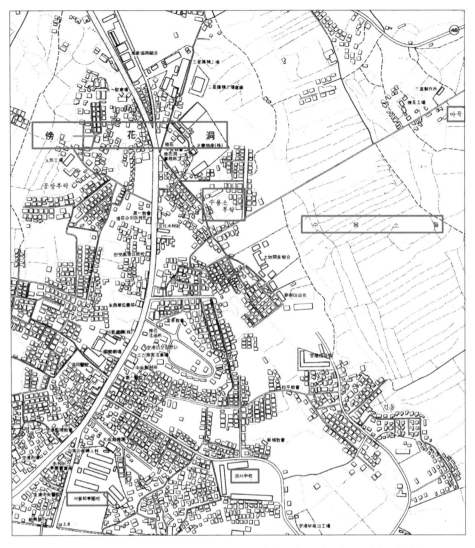

도판 7 　 1977년 지도에 나타난 당시 서울 영등포구 방화동·마곡동의 수용소부락과 수용소들

'수용소골'처럼 수용소 뒤에 수식어가 붙은 곳 또한 많습니다. 서울 강서구 방화동·마곡동에는 '수용소부락'과 '수용소들'이라는 지명이 있었습니다. 여기서 드넓은 벌판이었던 '수용소들'이 지금의 첨단 업무 도시인 마

31

곡 지구가 된 것입니다. 수용소라고 하면 많은 분이 6·25전쟁 당시 경상 남도 거제에 조성된 포로수용소를 떠올리시겠지만, 실제 '수용소'라 불리던 곳은 전국 곳곳에 있었습니다.

하지만 피란민들이 살았던 수용소마을이나 건물이 오늘날까지 남아 있는 곳은 그리 많지 않습니다. 지역마다 수백 수천 명의 피란민이 한꺼번에 몰려들다 보니 제대로 된 건물을 짓지 못하고 천막, 초가, 막사 등에 이들을 임시로 수용할 수밖에 없었거든요. 수용소의 환경은 열악할 수밖에 없었고 그곳에 머물던 피란민들은 좀 더 나은 삶을 찾아 다른 지역으로 떠나곤 했습니다. 이들이 떠난 뒤의 수용소마을은 갑작스럽게 생겨났을 때와 마찬가지로 쉽게 사라졌지요.

수용소마을로 유명했던 전라북도 군산시의 해망동·장미동이나 강원도 강릉시 주문진읍의 주문진역 광장 예정지 등은 마을이 통째로 철거되어 사라진 경우입니다. 개인적으로는 2018년에 헐려서 아파트 단지로 바뀐 충청남도 아산시 모종동의 수용소마을을 답사하지 못한 것이 가장 아쉽습니다. 2018년이면 제가 전국 답사를 시작한 뒤여서, 그때 이 마을의 존재를 알았거나 수용소마을의 중요성을 인식했더라면 기록을 남길 수 있었기 때문이지요. 재개발과 재건축의 바람을 막을 수는 없겠지만 귀중한 건물, 마을, 길이 있었음을 철거 얼마 뒤에 알게 되면 너무나도 안타깝습니다.

1992년에 1기 신도시로 입주를 시작한 경기도 고양시 일산 신도시의 대화동·일산동·주엽동 등지에도 과거에는 북한과 가깝다는 지리적 이유로 피란민이 많이 정착해 수용소, 새말, 통일촌, 문화촌 등의 수용소마을을 이뤘습니다. 피란민이 정착해 새로이 마을을 형성했다고 해서 '새말',

도판 8   서울 강서구 방화동의 수용소마을에 남아 있는 옛집 (2021년 9월)

도판 9   강원 강릉시 주문진읍 교항리의 주문진역 광장 예정지에 조성되었던 피란민 마을이
                     철거된 뒤의 경관 (2021년 4월)

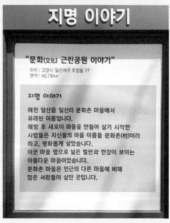

도판 10   전북 군산시 구암동의 피란민 마을 (2020년 11월)

도판 11   전북 군산시 삼학동의 피란민 마을 (2020년 11월)

도판 12   경기 고양시 일산서구 주엽동 문화공원의 안내판
               (2021년 6월)

도판 13　　강원 강릉시 주문진읍 주문리의 등대마을 (2021년 4월)

이들이 머물던 임시 피란민 수용소를 오스트레일리아의 원조를 받아 문화주택으로 개조했다고 해서 이후 '문화촌'이라 부르게 되었지요. 그러나 일산 신도시 개발 때 이들 피란민 수용소마을은 고양의 다른 농촌 마을들과 함께 철거되어 사라졌습니다. 오늘날 일산 신도시 가운데에 자리한 '문화공원'이, 수용소마을인 문화촌의 이름을 이어받아 그 역사를 증언할 뿐입니다.

　한편 전라북도 군산시 구암동과 삼학동, 강원도 강릉시 주문진읍 주문리의 등대마을과 속초시 청호동의 아바이마을, 인천 동구 만석동 등지에는 피란민들이 여전히 거주한다고 합니다. 하지만 앞서 언급했듯 수용소 건물은 워낙 급하게 지어진 것이다 보니, 그 뒤 건물을 헐고 새로 짓거나 증개축을 진행한 사례가 많습니다. 따라서 이들 지역에서도 수용소 건물의 원형을 찾기란 쉽지 않지요.

파주 조리읍 장곡3리 수용말

몇 년 전, 경기도 파주시와 충청북도 청주시에 남아 있는 피란민 수용소 건물을 답사했습니다. 현지 언론에서 소개한 내용을 확인하고는 '기사화된 뒤로 혹시라도 철거가 이뤄지지 않았을까?' 하는 불안한 마음을 품고 서둘러 출발했습니다.

우선은 파주시 조리읍 장곡3리의 피란민 수용소 건물. 서울에서 통일로를 따라 서북쪽으로 향하다 보면, 파주에 들어서기 전에 먼저 고양시 덕양구 신원동의 해방촌을 지납니다. 이곳 역시 피란민 수용소였을 터이지만, 지금은 신도시로 개발되어 흔적을 찾을 수 없습니다.

고양시의 마을들을 지나서 파주시로 접어들면, 2005년까지 '캠프 하우즈'라는 미군 부대가 주둔한 조리읍 봉일천리에 조금 못 미쳐 장곡2리에 다다릅니다. 평지에 위치한 장곡2리는 당나무도 있는 오래된 전통 마을로 보였고, 장곡3리의 수용소마을은 장곡2리 뒤편의 산기슭에 자리했습니다. 이는 피란민 수용소를 원래 마을이 있던 평지가 아니라 마을 외곽의 산기슭에 조성한 것일 터입니다.

장곡3리가 중요한 이유는 이곳에 '수용말', 즉 수용소마을이라는 지명과 함께 수용소 건물이 한 세트를 이뤄 '현존'하기 때문입니다. 전국적으로 수용소마을과 관련된 지명은 많이 전해지고, 원형대로든 증개축이 이뤄졌든 피란민 수용소 건물이 남아 있는 경우 또한 적잖습니다. 그러나 이렇게 지명과 원래 건물이 세트로 존재하는 사례는 거의 없는 듯합니다. 현지 언론에서 보도한 건물은 다행히도 아직 원형대로 남아 있었고(《경기일보》2018년 6월 24일 자 「파주 장곡리 움집을 아시나요… 6·25 피난민들이 한동안

도판 14　　경기 파주시 조리읍 장곡3리 수용말에서 찾은 수용소 건물 (2021년 10월)

도판 15　　경기 파주시 조리읍 장곡3리 수용말의 위성사진. 산기슭에 수용소마을이 조성되었음을
　　　　　　알 수 있다.

모여 살던 곳」), 기사에서는 구체적으로 언급하지 않았지만 피란민 수용소 건물로 추정되는 집을 좀 더 확인할 수 있었습니다.

청주의 피란민 수용소들

한편 충청북도의 중심지인 청주에도 피란민 수용소가 여럿 조성되었습니다. 그 가운데 가장 유명한 곳은 드라마 〈제빵왕 김탁구〉(2010)의 무대가 된 청주시 상당구 수동의 수암골일 것입니다. 이곳은 대다수 피란민 수용소가 그렇듯 산기슭의 빈민촌으로 조용히 자리하고 있었지만, 드라마의 무대가 되면서 마치 서울 남산 기슭의 해방촌처럼 핫 플레이스로 떠올랐습니다.

그런가 하면 청주시 상당구 영운동의 피란민 수용소 건물은 마을 일부가 연립주택 단지로 개발되면서 뒤편에 가려졌기 때문인지, 대다수 청주 시민에게 이미 잊혀 버린 듯했습니다. 이 수용소 건물에 대해서 보도한 현지 언론은 '수십 년 만에 귀중한 건물의 존재가 확인되었다'는 뉘앙스로 기사 제목을 적었지요(《충청타임즈》 2018년 12월 17일 자 「71년 만에 다시 찾은 청주 영운동 옛 피난민 수용소」, 2018년 12월 19일 자 「청주 70여 년 된 옛 피난민 수용소 '고스란히'」 등).

하지만 답사 현장에서 만난 지역 주민분은 이와는 다른 취지의 말씀을 들려주셨습니다. "예전에는 택시 기사에게 '청남연립 가자.' 하면 못 알아들었고 '수용소 가자.' 해야만 알아들었어."라고 말이지요. 이를 통해서 현지 분들에게는 그곳이 '수용소마을'이라는 사실이 잘 알려져 있었음을

확인할 수 있었습니다. 그러나 외지인의 유입이 많은 청주시의 특성상, 시간이 흐르면서 이러한 자명한 사실이 영운동 바깥의 다른 청주 시민들에게는 전해지지 않게 된 것 아닐까요? 우리 답사 팀과 같은 외부인의 관심이 부담스러운 듯, 다른 주민분은 "이 건물을 통째로 사들일 것 아니면 다시는 오지 마."라고 농담 반 진담 반의 말씀을 던지셨습니다.

영운동의 피란민 수용소 건물에 비해, 청주시 흥덕구 운천동의 수용소마을은 상대적으로 청주 현지에서 잘 알려져 있습니다. 운천동 수용소마을을 둘러싸고는 그동안 '이 지역 토지의 원소유주였던 청주시가 땅을 민간에 매각함에 따라 주거 환경 개선이 이뤄지기 어렵게 되었다'는 점, '운천동 일대의 각종 재개발·재건축 사업에서 이 마을만 소외되었다'는 점이 강조되었지요(《충북인뉴스》 2006년 6월 8일 자 「청주에 이런 곳도 있었네」, 2010년 12월 16일 자 「무심천보다 낮은 그곳에 게딱지처럼 엎드린 삶」 등). 저는 운천동 피란민 수용소마을을 답사하면서 "재건축과 재개발은 그 사업이 가장 필요한 지역을 피해 간다."라는 부동산업계의 오랜 격언을 머릿속에 떠올렸습니다.

도판 16   충북 청주시 상당구 수동의 수암골 (2019년 7월)
도판 17   충북 청주시 상당구 영운동의 수용소 건물 (2021년 11월)
도판 18   충북 청주시 흥덕구 운천동의 수용소마을 (2021년 11월)

　　여기까지 최근 몇 년간 긴급히 답사한 피란민 수용소 건물들을 소개
했습니다. 이 글을 계기로 더욱 많은 수용소 건물과 마을이 소개되기를
바라는 마음입니다.

　　파주와 청주의 수용소 건물들은 원형이 잘 남아 있는 사례로서, 현대
한국의 탄생 과정에서 큰 역할을 한 피란민들의 역경을 증언하는 귀중한
도시 화석입니다. 그 건물들을 반드시 보존해야 한다고 주장하지는 않겠
습니다. 하지만 이들 건물이 붕괴하거나 철거되기 전까지 더 많은 한국
시민에게 그 존재가 알려지고 기록되어, 분단·전쟁과 국제 원조를 통해
만들어진 민주공화국 대한민국의 '역경에 가득 찬' 탄생 초기 과정을 시
민들께서 실감할 수 있기를 바랍니다.

03

월턴 워커 장군의 길

: 전쟁 영웅의 흔적들

답사의 키워드, 6·25전쟁

본격적으로 도시 답사를 시작한 지가 2023년으로 7년째입니다. 처음에는 서울과 그 주변의 경기도 일부 지역, 즉 '대서울'을 바라보는 새로운 관점을 한국 시민들에게 제시하는 것이 목적이었습니다. 『서울 선언』과 『갈등 도시』에 이러한 내용을 담았지요. 2017년에 도시 답사를 시작할 때의 목표는 여기까지였습니다.

하지만 인생은 알 수 없어서, 제 답사는 대서울을 넘어 한국 전역으로 확대되고 있습니다. 대서울에 대해서와 마찬가지로, 한국 전역에 바로 지금 펼쳐진 '갈등 도시'의 현장을 찾아가 기록하는 데 힘쓰고 있지요.

저의 관심은 단순히 지역의 명소를 설명하고 맛집을 들르거나, 조선 시대의 유명한 인물을 소개하는 데 있지 않고 언제나 '바로 지금, 여기'에 있습니다. 우리가 살아가는 21세기 한국에서 확인되는 갈등 도시의 모습들을 찾아가, 그 현장을 확인하고 원인을 살피는 것이 제가 하는 답사의 목적입니다.

21세기 한국을 답사하는 과정에서 찾아낸 키워드가 몇 개 있습니다. 이 가운데 하나는 1950년 6월 25일 발발해 1953년 7월 27일까지 이어진 '6·25전쟁'입니다. 한국의 어떤 시민들은 현재의 대한민국을 '통일 한국'으로 향하는 중간 과정에 놓인 불완전한 존재로 간주합니다. 그들은 친일파를 척결했다고 상상되는 조선민주주의인민공화국에 비해, 대한민국이 뭔가 부족하며 외국 세력에 기대어 온 국가라고 비하합니다.

하지만 저는 현재의 대한민국을 조선왕조보다 불완전하다거나 조선민주주의인민공화국에 비해 부족한 국가라고 믿는 일부 시민의 견해에 동의하지 않습니다. 오늘날 우리가 살아가는 대한민국은 상하이에서 대한민국임시정부가 탄생한 '1919년 4월 11일', 제국주의 일본이 항복을 선언한 '1945년 8월 15일', 총선거를 통해 한반도 남부의 대한민국 정부가 수립된 '1948년 8월 15일', 한반도 북부의 조선민주주의인민공화국이 남부의 대한민국을 침공한 '1950년 6월 25일', 그리고 3년에 걸친 전쟁을 중지하는 데 합의하며 정전협정을 체결한 '1953년 7월 27일'을 거처 확립되었습니다. 지금 우리의 대한민국은 식민지화 이전의 조선왕조나 대한제국과는 다른 민주공화국인 만큼, 위의 날짜들 가운데 어느 하나가 특히 강조되거나 어느 하나가 버려지면 안 됩니다.

그리고 이 여러 개의 날짜 가운데 1919년 4월 11일에 탄생한 대한민국임시정부는 중화민국·미국 등에 독립을 호소했고, 1950년 6월 25일과 1953년 7월 27일 사이의 기간에는 갓 태어난 대한민국을 지키기 위해 전

세계의 수많은 나라가 군대를 보내어 조선민주주의인민공화국·중화인민공화국·소비에트의 침략군을 물리쳤습니다. 이처럼 대한민국은 탄생 직후부터 국제사회에 관심을 호소하여 독립을 인정받았으며, 독립과 정부 수립 이후에는 국제사회의 힘을 통해 생존했습니다. 그러한 대한민국의 국제적 성격은, 조선왕조를 비롯해 그 이전까지 한반도에 존재하던 어떤 국가들도 지니지 못한 것이지요. 이 독특한 성격이 대한민국의 급속한 발전을 가능케 했습니다.

잊힌 영웅, 월턴 워커

그 과정에서 결정적 역할을 한 인물이, 조선민주주의인민공화국의 침공부터 중화인민공화국의 침공 사이의 기간에 대한민국의 생존을 군사적으로 확보해 준 월턴 워커(1889~1950) 장군입니다. 6·25전쟁에서 대한민국을 지킨 미군 장군으로는 '인천 상륙작전'으로 스포트라이트를 받은 더글러스 맥아더 원수가 유명하지만, 실제 한반도 곳곳의 최전선을 지프차로 누비며 연합군을 지휘하고 전사한 사람은 워커 장군입니다. 미8군 사령부가 자리한 경기도 평택시 '캠프 험프리스'의 본부 건물 앞에 세워진 동상의 주인공이 맥아더가 아닌 워커 장군이라는 사실이, 이 점을 상징합니다.

1889년 12월 3일에 미국 텍사스주에서 태어난 워커는 제2차세계대전의 유럽 전선을 지휘한 뒤, 제국 일본의 항복 이후 1948년에는 일본열도를 점령 중이던 미8군의 사령관으로 임명되었습니다. 그리고 이곳에서

도판 1   1950년 미8군 사령관이던 월턴 워커 중장의 사진
도판 2   2017년 5월 25일, 경기 평택시의 미8군 사령부에서 열린 월턴 워커 장군 동상 이전
         제막식

'조선민주주의인민공화국군이 대한민국을 침공했다'는 소식을 듣게 됩니다. 침략군에 맞서 한국을 지키라는 명령을 맥아더 원수로부터 받은 그는 제8군 제24보병사단 제21연대 제1대대를 한국에 보냈지만, 이 부대는 경기도 오산 죽미령에서 인민군의 진격을 저지하다가 패했습니다. 죽미령 전투가 일어난 지점에는 현재 '유엔군 초전 기념관'이 세워져 있지요. 제가 이곳을 방문했을 때, 미군 병사와 그 가족으로 보이는 한 무리의 미국인이 '유엔군 초전 기념비'를 참배하고 있었습니다.

  미군의 선봉대는 침략군의 기세를 한풀 꺾었지만, 침략 자체를 중단시키지는 못했습니다. 이에 워커 장군은 한반도 동남부의 좁은 지역에 저지선을 마련해 반격을 준비하기로 합니다. 그리하여 서남쪽 마산(오늘날 경상남도 창원시 마산합포구·마산회원구)에서 대구 북쪽을 거쳐 동북쪽 경주에 이르는 낙동강 방어선, 즉 '워커 라인'이 설정되었지요.

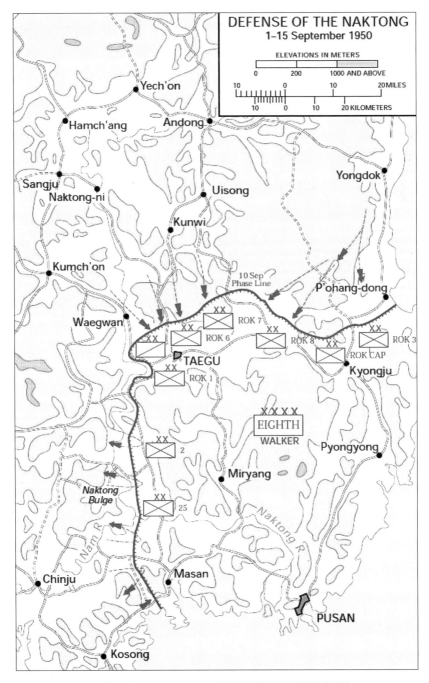

DEFENSE OF THE NAKTONG
1–15 September 1950

ELEVATIONS IN METERS

0   200   1000 AND ABOVE

도판 3   1950년 9월 1일부터 15일까지 이어진 낙동강 방어전 당시의 워커 라인

도판 4   죽미령 전투의 전개 과정을 설명하는 '유엔군 초전 기념관'의 패널 (2019년 10월)

"죽도록 버텨라."(Stand or Die)라는 워커 장군의 독려를 받으며 신생국가 대한민국의 생존을 건 전투가 치열하게 펼쳐지던 1950년 9월 6일에서 18일 사이, 유엔 지상군 사령부 및 미8군 사령부가 현재 부산 남구의 부경대학교 대연캠퍼스 자리에 설치되었습니다. 워커 장군이 근무하던 '워커 하우스'는 휴전협정 이후 부산수산대학 부속 건물로 이용되다가 1990년 화재를 당한 뒤, 2020년에 원형대로 복원되었지요.

1950년 9월 15일 인천 상륙작전이 성공하자 부산의 사령부는 대구로 북상했습니다. 이를 기념해 대구의 미국 육군 부대에는 '캠프 워커'라는 이름이 붙게 되었지요. 식민지 시기에 일본군이 사용하던 이 기지는 광복 후 한국군이 쓰다가, 6·25전쟁 이후 미군이 주둔해 오늘날에 이릅니다. 현재 캠프 워커는 대구에 주둔 중이지만, 대구시는 부대의 땅을 순차적으로 반환받고 있습니다(《매일신문》 2021년 6월 17일 자 「캠프 워커 서편 도로 반환

도판 5 　　　대구 남구 대명동과 봉덕동에 걸쳐 자리한 '캠프 워커' (2018년 3월)
도판 6 　　　캠프 워커 주변의 기지촌 풍경 (2018년 3월)

되나… 3차 순환도로 완전 개통 기대」, 2022년 10월 12일 자 「'보존 vs 철거' 논란 일던

대구 캠프 워커 관제탑 역사 속으로」 등).

중공의 참전과 영웅의 최후

인천 상륙작전으로 전세를 역전한 유엔군의 도움으로 대한민국이 한반도를 통일하기 직전이던 1950년 10월, 중화인민공화국이 6·25전쟁에 개입합니다. 대한민국은 이로써 한반도 통일에 실패했지만, 1992년 8월 24일의 한중 수교 당시 중화인민공화국 측에 '전쟁 개입'에 대한 사과를 요구하지 않았습니다. 더욱이 그때 중화인민공화국은 대한민국 측에 중화민국과 단교할 것을 요구했는데, 대한민국은 중화인민공화국 측에 조선민주주의인민공화국과 단교하라고 요구하지도 못했지요. 1992년에 이런 굴종적인 외교 자세를 취했기 때문에, 2023년 현재에도 중화인민공화국 측은 대한민국 측에 강압적 태도를 보이는 데 거리낌이 없습니다.

이렇듯 일방적인 중화인민공화국의 참전은 한국군·유엔군의 연합군을 당황케 했습니다. 그리고 연합군을 독려하고자 직접 지프차를 운전해 북쪽으로 향하던 월턴 워커 장군은 크리스마스를 이틀 앞둔 1950년 12월 23일, 의정부 남쪽 5km 지점인 당시 경기도 양주군 노해면 도봉리에서 교통사고로 사망합니다. 한국군 운전병의 과실로 추돌 사고가 일어난 것이지요. 수도권 전철 1호선 도봉역 2번 출구 인근에 그의 추모비가 세워져 있습니다. 그의 시신은 미국 알링턴 국립묘지에 안장되었고요.

워커 장군이 사망한 지 13년 뒤인 1963년, 서울과 경기도 구리시의 경계인 아차산 자락에 '워커힐'(Walkerhill)이라는 호텔이 개장합니다. 이 당시 초대 중앙정보부장이던 김종필이 가이 멜로이 유엔군 사령관과 이야기하던 중, 미군 장병이 휴식할 수 있는 적절한 시설이 한국에 마련되면 좋겠다는 바람을 듣고 건립한 휴양소입니다. 손정목 선생은 '현대 서울의

도판 7 1951년 1월 29일에 치러진 월턴 워커 장군의 추도식

도판 8 미국 버지니아주 알링턴 국립묘지의 월턴 워커 장군 묘비

도판 9 서울 도봉구 도봉동의 월턴 워커 장군 추모비 (2017년 11월)

도판 10 서울 광진구 광장동 워커힐호텔 경내의 월턴 워커 장군 추모 조형물 (2018년 8월)

창세기'라 할 만한 『서울 도시계획 이야기 1』(한울, 2003)에서 두 사람의 대화를 이렇게 기록했지요.

> 멜로이: 지금 일본에 우리 미군 장병이 1년에 약 3만 명 정도가 위로 휴가를 가고 있는데 만약에 비상사태가 나면 즉시 돌아올 수 있을지가 걱정이다. 한국 내에 미군을 위한 위락 시설이 있다면, 연간 3만 명이 일본에 쏟어 넣고 있는 돈을 여기에 쏟아 넣을 수도 있을 것이고, 또 유사시에 비상소집을 하면 즉시 응소해서 신속하게 대비할 수 있을 테고 하니 그런 것이 있었으면 좋겠다.
> 김종필: 그런 걸 여기다 만들면 당신이 장병들을 여기 머물게 할 수 있겠소?
> 멜로이: 장병들이 만족할 만한 게 있다면 얼마든지 할 수 있다.
>
> — 손정목, 『서울 도시계획 이야기 1』, 한울, 2003: 140쪽.

그리하여 마련된 위락 시설에는 워커 장군의 이름이 붙었고 경내에는 추모 조형물도 세워졌지만, 실제로 이곳을 답사할 때 추모 조형물을 찾기가 쉽지 않았습니다. 미국에서는 6·25전쟁을 '잊힌 전쟁'(The Forgotten War)이라고 부르곤 하는데, 신생국가 대한민국이 가장 위험했던 시기에 혼신을 바쳐 그 '생존'을 지키다 전사한 워커 장군은 이곳 한국의 시민들에게서도 잊힌 것 같습니다.

하지만 모든 한국 시민이 그를 잊지는 않았을 것입니다. 저는 부산의 워커 하우스에서 대구의 캠프 워커, 워커 장군 동상이 세워져 있는 평택,

도판 11　　1949년 일본에 주둔 중이던 월턴 워커 장군

서울의 도봉역과 워커힐로 이어지는 경로를 '워커 장군의 길'이라 부르고
싶습니다.

04

부산 해운대구 재반로

: 두 피란민의 길

정책 이주지란 무엇인가

이 장에서는 부산 해운대구 반여동과 재송동을 잇는 '재반로' 일대를 답사합니다. 재반로를 따라 걸으면 한국이라는 국가가 겪은 두 개의 전쟁으로 발생한 두 부류의 피란민을 마주하게 됩니다. 한 부류는 반여동의 이른바 '정책 이주지'에 정착한 6·25전쟁 월남민과 철거민이고 또 한 부류는 1970년대부터 1990년대까지 20년 정도 재송동에 머문 또 다른 월남민, 즉 베트남 피란민입니다.

'정책 이주지'는 부산이라는 도시가 오늘날과 같은 형태를 갖추게 된 과정을 이해하는 데 핵심적인 말입니다. 잘 알려졌듯이, 1950~1953년의 6·25전쟁 당시 부산에서 대구 사이의 한반도 동남부 지역은 인민군에 점령당하지 않았습니다. 그렇다 보니 인민군에 점령당한 지역을 빠져나온 피란민들은 부산을 향해 몰려들었습니다. 특히 서울이 함락된 시기에 임시 수도였던 부산이 피란민들의 목적지였지요.

전쟁이 중단된 뒤에 한반도 남부 출신의 피란민들은 자기 고향으로 돌아갔지만, 북부에서 내려온 월남민 가운데 적잖은 수가 부산에 눌러앉았습니다. 이 당시 신문 기사에서는 월남민의 생활상을 다음과 같이 전했습니다.

> 판자 집 거주자들은 거의 다 전재민 또는 월남 동포로 그날그날의 생활도 용이치 않은 터인데 판자 집마저 없어진다면 생활이 더 말 아닐 것이므로 강제 철거도 할 수 없는 것이고 그렇다고 해서 그들에게 거주를 장만할 수 있을 만한 경제력이 생길 때까지 방임해 둘 수도 없는 것이다.
>
> —《조선일보》,「판자 집 대책은 없는가?」, 1957. 8. 20.

즉 오늘날까지 끈질기게 명맥을 유지하고 있는 판자촌을 만들어 낸 주요한 집단은 월남민이라는 것입니다. 부산에서도 서울에서도, 이들 월남민이 주축이 된 거주지인 판자촌은 도시계획에 지장을 초래했습니다. 특히 평평한 땅이 부족한 부산의 경우에는 판자촌 문제가 더욱 시급한 정책 과제였지요. 부산이라는 지역의 핵심은 원래 토지가 넉넉한 농촌인 '동래'이고, 일본인들이 거주하던 왜관이 설치된 '좁은 의미의 부산'은 도무지 많은 사람이 살 수 없는 곳입니다. 그런 좁은 땅에 수많은 사람이 순식간에 몰려들다 보니, 부산은 한국의 어떤 도시보다도 더 높은 지대까지 산동네·달동네가 들어찬 지역이 되었습니다.

도판 1   서울 양천구 신월동의 철거민 이주지 골목 (2021년 8월)
도판 2   경기 성남시 수정구 태평동의 옛 광주 대단지 골목 (2018년 9월)

　이에 따라 부산시와 서울시의 행정 당국은 1960년대 중반이라는 비슷한 시기에, 구도심을 정비하고자 판자촌을 철거하고 빈민들을 도시 외곽이나 바깥으로 몰아내는 사업을 시행했습니다. 서울시는 1963년 경기도에서 편입된 관악구 신림동·봉천동, 양천구 신월동·신정동, 강동구 강일동 등지의 지역으로 강북 구도심의 철거민들을 이주시켰지요. 그렇게 해도 도심의 빈민촌이 사라지지 않자, 1969년부터는 철거민 십수만 명을 서울 동남쪽 바깥의 당시 경기도 광주군 직할 성남 출장소 지역에 몰아넣어 신도시를 만드는 사업을 시작했습니다. 이것이 오늘날 성남

도판 3   경기 성남시 구도심에 해당하는 옛 광주 대단지 지역의 위성사진. 현재 중원구와 수정구 일대다.

시 구도심에 해당하는 '광주 대단지'의 탄생입니다. 아무런 대책 없이 이뤄진 광주 대단지 조성 사업이, 2년 뒤인 1971년 8월 10일의 '광주 대단지 사건'(8·10 성남 민권운동)으로 이어졌음은 잘 알려진 사실입니다.

광주 대단지 사건이 전국적으로 주목받은 데 반해, 이와 비슷한 시기에 부산시에서 시행한 '정책 이주 사업'은 부산 외부에는 거의 알려지지 않았을뿐더러 부산 시민분들도 그 정책 사업의 실체를 잘 알지 못하는 것 같습니다. 현재 남아 있는 정책 이주지는 해운대구 반여동·반송동, 사하구 신평동·장림동·감천동·괴정동, 연제구 연산동, 남구 용호동·대연동, 부산진구 개금동 등 열여덟 곳이며 원래는 서른 곳 정도에 조성되었다고 합니다(《부산일보》 2017년 7월 31일 자 「부산 정책 이주지 18곳을 도시 재생 뉴딜 모델로」).

부산 시민에게는 이들 지역이 '1960~1970년대의 정책적 산물'이라는 사실이 잘 알려지지 않은 듯하며, 그저 '가난한 사람들이 도시 외곽에 모여 산다'는 정도의 막연한 인식밖에는 없는 것으로 보입니다. 정책 이주지 가운데 어떤 곳은 인터넷상에서 인종차별적 발언의 표적이 되어 물의가 빚어지기도 했습니다. '정책 이주지가 왜 만들어졌고, 그곳으로 이주당한 주민들이 어떤 상황에 놓여 있는지'에 대한 공감대가 부족했기 때문에 이런 일이 벌어졌을 것입니다.

반여동의 정책 이주지

저는 지금 남아 있는 부산의 정책 이주지를 모두 답사한다는 목표를 세우고, 부산에 갈 때마다 한두 곳씩 반드시 들릅니다. 그 가운데 이 장에서 소개하는 해운대구 반여동은 반송동 정책 이주지와 더불어, 해운대구의 다른 지역 사람들도 '우리 해운대에 이런 곳이 있는가?'라고 놀랄 정도로 타 지역으로부터 고립된 곳에 자리합니다.

산속에 네모반듯한 구획이 줄지어 있고 길 사이마다 집들이 빽빽이 들어선 모습은 위성사진에서 한눈에 들어오며, 주변 지역과 비교하면 그 밀도에 숨이 턱 막힙니다. 반여동 현지를 걷다 보면 다른 부산 주민들이 거의 살지 않던 산 중턱에, 소형자동차 한 대도 들어가기 힘들 정도로 좁은 도로를 사이에 두고 2~3층짜리 건물이 들어찬 모습에 압도됩니다.

이런 밀도 높은 골목의 모습은 제가 답사한 부산 남구 용호동, 사하구 장림동과 신평동 등 그 밖의 정책 이주지에서도 확인할 수 있었습니다.

도판 4 　　　 부산 해운대구 반여동 정책 이주지의 골목 (2021년 7월)
도판 5 　　　 부산 남구 용호동 정책 이주지의 골목 (2021년 7월)

판잣집과 4호연립 단지가 끝없이 들어선 '용호동 정책 이주지'와, 양옆에 다닥다닥 붙어 세워졌던 건물들이 철거되어서 온전한 건물 한 채의 실제 폭을 보여 주는 '신평동 정책 이주지'를 아울러 살피면 정책 이주지의 다양성과 현재 모습을 파악할 수 있지요. 한편 '장림동 정책 이주지' 근처에서 유년 시절을 보낸 지인은 제가 찍어 온 그곳의 골목길 사진을 보고는, 자신이 어릴 적 보던 풍경과 변함이 없지만 골목에 전동 휠체어 두 대가 나란히 서 있는 모습이 시간의 흐름을 여실히 느끼게 해 준다는 소감을 들려줬습니다.

도판 6 　　　부산 사하구 신평동 정책 이주지의 골목 (2021년 7월)

도판 7 　　　부산 사하구 장림동 정책 이주지의 골목 (2021년 7월)

　　장림동 정책 이주지의 어느 골목에서 '새부산이용원'이라는 가게를 마주친 저는, 이제는 사라진 서울 송파구 거여동의 철거민 정착지를 떠올렸습니다. 그 인근에 있던 군부대가 경기도 동남부로 이전하고 위례 신도시가 건설되기 시작하자, 군부대 옆에 형성되었던 거여동 철거민 정착촌에서도 2017년 철거가 진행되었지요.

　　한 시대의 끝을 기록하기 위해 거여동 철거민촌을 걷던 저는 '새서울이발관'이라는 문 닫은 가게와 마주쳤더랍니다. 1967~1971년에 서울 중심부에서 끝자락으로 쫓겨나서도 서울 시민으로 남고자 '새서울'이라는

도판 8   서울 송파구 거여동에 있던 새서울이발관 (2017년 11월)
도판 9   부산 사하구 장림동의 새부산이용원 (2021년 7월)

이름을 붙였을 가게 주인은, 아마 그 바람을 끝내 이루지 못한 채 또다시 철거를 당했을 것입니다. 부산 장림동의 새부산이용원은 서울 거여동의 새서울이발관과는 다른, 행복한 결말을 맞이할 수 있기를 마음 깊이 기원합니다.

정책 이주지에 관한 이야기가 길어졌습니다. 서울·경기 지역의 달동네 및 광주 대단지와 비교해도 그 규모에서 전혀 밀리지 않는 부산의 정책 이주지가 잘 알려지지 않았다는 문제의식에서 조금 자세히 말씀드렸습니다.

재반로를 따라 해운대구 반여동 정책 이주지를 통과해 '산'을 내려오다 보면 '79시영아파트', '80시영아파트' 등의 이름이 붙은 재송동 시영 아파트 단지가 눈에 띕니다. 이는 판자촌 문제를 해결하기 위한 또 하나의 선택지로서 건설된 시영 아파트 단지이지요. 1979년에 지은 것은 79시영아파트, 1980년에 세운 것은 80시영아파트입니다. 그런데 79시영아파트의 옹벽에 붙은 '재난 위험 시설(D등급) 지정 안내 표지판'이 말해 주듯이, 세워진 지 40여 년이 지난 이들 재송동 시영 아파트도 이제 재건축을 앞두고 있습니다. 사실 건물의 물리적 안전도만 고려한다면 정책 이주지의 오래된 건물들을 재건축하는 것이 더 시급해 보이지만, 여러 사정상 시기적으로 나중에 건설된 시영 아파트 단지 쪽이 먼저 재건축

도판 10　　부산 해운대구 재송동의 80시영아파트 (2021년 7월)

대상이 되었습니다. 앞서 언급한 "재건축과 재개발은 그 사업이 가장 필요한 지역을 피해 간다."라는 부동산업계의 슬픈 격언을, 이곳 해운대구에서도 다시금 확인합니다.

재송동의 베트남 피란민 수용소

시영 아파트 단지를 벗어나면 이 장의 마지막 답사지에 다다릅니다. 바로 1975년 멸망한 남베트남에서 탈출한 난민들이 20년 정도 머물던 재송동 피란민 수용소 자리입니다. 지금은 고층 아파트 단지로 재건축되어

도판 11 　 부산 해운대구 재송동의 베트남 난민 수용소 자리 (2021년 7월)

흔적을 찾기 어렵지만, 한때 해운대구 반여동과 재송동에는 한반도 북부에서 온 월남민과 베트남 남부에서 온 월남민이 공존했습니다.

1차 베트남 피란민 수용소는 1975년 부산 서구 서대신동1가에 설치되었는데, 남베트남이 멸망하며 '보트피플'(boat people)이라고 불리는 대량의 피란민이 발생하자 1977년 재송동에 2차 베트남 피란민 수용소가 건설되었습니다. 국가기록원에 소장된 당시 사진에는, 부산이 낳은 대기업 '동명목재상사'가 제공한 버스를 타고 베트남 피란민들이 이동하는 모습이 담겨 있지요.

그러나 이들 베트남 피란민은 끝내 한국 사회에 받아들여지지 못했습니다. 1993년 미국인 사업가가 자금을 제공해 이들 난민을 뉴질랜드로 이주시키며 재송동 수용소는 폐쇄되었지요. 베트남전쟁 때 미국에 이어 두 번째로 많은 병력을 파견했고 경제 특수를 누리기도 했던 한국의 시민

도판 12　　　1975년 부산에 도착한 베트남 난민을 수용소로 수송하는 모습

들은, 베트남 난민을 자기 사회에 받아들이기를 거부했습니다. 한반도를
식민지로 삼았던 일본이 제국 일본의 패전으로 인해 발생한 6·25전쟁 때
미군의 군사기지로서 경제 특수를 누렸음을 비난하는 한국 시민들이 있
습니다. 하지만 베트남전쟁으로 특수를 누린 한국 시민들이 남베트남 시
민들에게 보여 준 모습을 생각하면, 저는 할 말이 없어집니다. 다만 한국
기업이 무기를 수출했던 예멘 내전에서 발생한 예멘 난민, 그리고 아프가
니스탄에 있던 한국인들을 도운 아프가니스탄 난민에 대해서는 베트남
난민의 전례가 반복되지 않은 것을 보며, 한국 사회가 예전보다 나은 곳
이 되었다는 생각에 조금은 기쁩니다.

05

세 번의 화재,
네 개의 비석

: 1953~1954년 부산 대화재

국제시장 재건 준공 기념비

부산에는 6·25전쟁 중인 1953년 1월 30일의 '국제시장 화재'와 전쟁 후인 1953년 11월 27일의 '부산역 앞 화재', 1954년 12월 10일의 '용두산 화재'를 기억하는 세 개의 비석이 남아 있습니다. 그 비석들은 6·25전쟁 당시 인민군의 점령을 받지 않아 1950년 이전의 도시 구조와 건물·유물이 잘 남아 있던 부산이 한국인 '자신의 손'에 의해 옛 모습을 잃었음을 보여 주는 증거이자, 부산으로 대표되는 1950년 이후의 한국 도시들이 기본적으로 '군사도시'의 성격을 지님을 보여 주는 증거이며, 여러 차례의 화재를 살아서 넘긴 부산 시민들의 '마을 비석'이기도 합니다.

우선 1953년 1월 30일의 국제시장 화재는 식당에서 술을 마시던 상인들이 벽에 걸린 석유 등불을 깨뜨리며 일어났습니다. 무려 아홉 시간이나

부산 중구 신창동4가의 국제시장 재건 준공 기념비 (2019년 11월)

이어진 화재는 1소 원대의 재산 피해와 6,800세대 2만 2,500명의 이재민을 발생시켰지요. 화재 이후 상인들은 자신들의 힘과 국가의 조력으로 시장을 재건했음을 커다란 비석에 새겨서 알렸습니다. 앞면에 '준공 기념비'라 새겨진 이 비석은 영화 〈국제시장〉(2014)으로 유명한 '꽃분이네' 가게 부근, 국제시장 3공구 A동 계단 옆에 서 있습니다. 건물로 들어가는 입구 한쪽에 서 있어서 비석의 전면을 찬찬히 살피기에는 비좁은 느낌이지만, 그래도 시장 상인들이 애정을 갖고 비석을 잘 챙기고 계신 듯했지요.

앞면 중앙: 준공 기념비

앞면 오른쪽 위: 복구 대책 위원회

앞면 왼쪽 가운데: 시공 건축 회사

앞면 아래쪽: 준공을 보고 / 뜻하지 않든 화재로 폐허가 되었든 이 자리에 당국의 따뜻한 정과 전 조합원의 불타는 열성으로 한국의 자랑인 국제시장을 재건케 되어 준공을 보게 됨을 마음으로부터 기뻐하는 바입니다. 불초 중책을 쌍견에 지고 두려운 생각 부질없었으니 눈물겨운 조합원의 군센 의욕과 위원 제현의 불면불휴의

노력을 믿고 감히 공사를 추진하였든바 준공을 맞이함에 감개무
량한 것이 있습니다. / 원컨대 복구 건설을 위한 정열을 길이 명
심하여 이 나라 경제 발전에 공헌할 수 있는 국제시장이 되옵기를
기원합니다. / 단기 4286년(1953) 7월 17일 / 국제시장 복구 대
책 위원회 / 위원장 염성조

오른쪽 면: 공사비 총액 54,737,810환정 / 공사 총평수 3,743평 5합
4분

왼쪽 면: 화재 발생 단기 4286년 1월 30일 / 기공 단기 4286년 3월
30일 / 준공 단기 4286년 7월 17일

위와 같이, 비석의 내용을 일부 옮깁니다. 대개 이런 비석을 소개하면
서 개요를 설명하는 데 그치곤 하지만, 문화재로 지정되지 않은 근현대
비석은 이런저런 사정으로 사라지는 경우가 많으므로 저는 기회가 될 때
마다 비석 내용을 일부라도 원문 그대로 지면에 싣는 것을 원칙으로 삼고
있습니다.

국제시장 화재가 일어난 1953년 1월 30일로부터 10개월 뒤이자 국제
시장 새 건물을 준공한 7월 17일로부터 4개월 뒤인 11월 27일, 이번에는
부산역 앞 판자촌에 불이 나서 부산 구도심을 거의 전부 파괴했습니다.
이 화재를 보도한 당시 기사는 다음과 같이 피해 상황을 전했지요.

1월 30일 국제시장을 전소하여 수많은 이재민을 내었을 뿐 아니라
수억 환에 달하는 국가 재산을 순식간에 잿덩어리로 만든 몸서리치는
화마가 항도 부산에 또다시 27일 발생하여 부산의 번화가를 불바다로

휩쓸고 말았다. 27일 하오 8시 27분경 영주동 17조 16반 허도영 씨 방에서 "난로" 불의 부주의로 발생한 화마는 때마침 불어오는 시속 30리의 폭풍으로 화염은 순식간에 확대되어 14시간에 걸친 대화마는 부산역전을 중심한 번화 거리의 주요 건물 및 민가 등 약 1,250호를 회진케 하였는데 동 화재는 익 28일 상오 10시 20분에 완전 진화를 보았다.

— 《동아일보》. 「부산에 사상 초유의 대화」, 1953. 11. 29.

위 기사에는 '피해 건물'과 '피해 없는 주요 건물'의 리스트도 실려 있는데, 피해 건물의 이름들을 살피다 보면 참담해집니다. 6·25전쟁의 포화를 피했기 때문에 근대도시의 경관을 유지할 수 있었던 부산은, 이렇게 한국 시민 스스로에 의해 그 원형을 잃었습니다.

부산 방송국, 부산역, 미 후방 기지 사령부, 철도호텔, 미12교회, 해군 휼병감실, 해군 사병 구락부, 해군 의무 조달감실, 조선운수, 외자관리청 창고, 대한부인회관, 협성운수, 동양운수, 현대상운, 제일운수, 자유민보, 민주신보, 부산일보, 동양통신 경남지사, 국민회 부산지부, 국민회 두 본부, 제일호텔, 국제호텔, 중앙호텔, 조선호텔, 성림다방, 대구관, 풍국산업공사, 대한국민항공사, 미군 노무처, 한미석유회사, 세계서림, 한미 구락부, 우체국, 식산은행 별관(본관은 피해 무), 부산운수, 운크라 창고, 극동운수, 합동통신, 극동해운, 자동차무역공사, CAC 사무소, "트레이드싶" "발크러이" 회사, 부산 외자국, 낙랑다방, 끽우장다방, 수리조합 연합회, 휴전 감시 위원 부산 사무소, YMCA

— 《동아일보》. 「부산에 사상 초유의 대화」, 1953. 11. 29.

아이러니하게도, 1953년의 부산역 앞 화재 때도 무사했던 부산 세관 건물은 그 뒤 1979년 부산 사람들 스스로에 의해 무너졌습니다. 옛 부산 세관은 1911년 완공된 르네상스 양식의 벽돌·화강석 건물로서 1976년에는 부산시 지방문화재 제22호로 지정되었으나 불과 3년 만에 문화재 지정을 해제하면서까지 철거되고 말았는데, 최근 들어서는 복원 이야기가 나오지요. 부산 세관 건축 당시의 설계도와 벽돌 일부가 남아 있다고는

하지만, 복원한 건물은 원래 건물과 전혀 다른 것입니다. 이런 일은 한두 번 벌어진 것이 아닙니다. 영도 다리 역시 구도심 개발 때 철거당할 뻔하다가 간신히 살아남아서 오늘날까지 부산의 상징으로 자리하고 있지요. 한편 부산 구도심의 상징 가운데 하나인 웅장한 부산데파트 건물도 재건축을 추진 중이라고 합니다. 부디 부산 분들이 본인들의 추억이 얽힌 부산데파트를 쉽게 없애 버리지 않기를 바랍니다.

이재민 주택 준공 기념비와 위트컴 장군 송덕비

1953년 부산역 앞 화재 당시 한국에 주둔하던 미군의 리처드 위트컴 장군은 군수물자를 전폭적으로 지원하며 이재민들을 위한 주택을 지어 줬습니다(오상준 『리차드 위트컴』). 군수물자로 다른 나라의 이재민을 원조한 위트컴 장군은 미국 의회 청문회에 소환되었지만 "전쟁은 총칼로만 하는 것이 아니다. 그 나라 국민을 위하는 것이 진정한 승리다."라고 발언했습니다(VOA 2018년 7월 13일 자 「미 위트컴 장군 상설 전시관 개관… "전후 부산 복구, 유해 송환에 헌신"」).

한미 양국군이 이재민 주택을 완공하면서 세운 '부산시 화재 이재민 주택 준공 기념비'는 현재 부산 부산진구 양정동의 상가 건물 앞에 보전되어 있지만, 이 지역이 재개발 예정 지구로 지정된 터라 언제 사라질지 모릅니다. 답사 당시에 만난 지역 주민분들은 그 비석의 존재를 잘 알았으며 '파란 눈의 구세주'라 불릴 정도로 부산을 위해 수많은 업적을 남긴 위트컴 장군의 이름 또한 똑똑히 기억하고 있었습니다. 그러면서 이곳이

도판 3   부산 부산진구 양정동의 이재민 주택 준공 기념비 (2019년 11월)

재개발되면 비석이 사라질지 몰라 불안하다며, 부디 비석의 존재를 외부
에 널리 알려 달라고 제게 거듭 당부했지요.

마을 주민분들의 불안에 근거가 전혀 없지 않은 것이, 부산 시민들이
1954년 11월에 세운 위트컴 장군 송덕비는 현재 행방을 알 수 없습니다.
그런 전례가 있기에 '부산시 화재 이재민 주택 준공 기념비'의 장래도 밝
지 않습니다. 사라질지 모르기에, 이 비석의 내용도 원문을 옮겨 둡니다.

앞면: 부산시 화재 이재민 주택 준공 기념비 / 단기 4287년(1954) 6월
3일 준공

오른쪽 면: 육군 총참모장 육군 대장 정일권 / 육군 공병감 육군 준장 엄홍섭 / 육군 1203건공단장 육군 대령 최규련

뒷면: RS WHITCOMB / CC PMP BRIGGEN // JA HAMILTON / D OPRR RCOL // WC FRASER / PROJENCR 1spLT

왼쪽 면: 육군 1205건공단 210건공대대장 육군 중령 송병화 / 육군 20사단 62연대 2대대장 육군 중령 임택주 / 부대 장병 힘으로 미군 원(援) 자재로서 건설하다.

현대 한국 역사에서 미국과 미군의 역할이 얼마나 컸는지를 오늘날 한국 시민들은 잊고 있거나 잊으려 합니다. 이는 일본의 식민지였던 데 이어 또다시 외국군이 대규모로 자국에 주둔하고 있다는 사실을 애써 부정하고픈 심리로 추측됩니다. 서울 서초구의 한센병력자 정착촌인 헌인마을 역시, 원래는 한미재단(American-Korean Foundation)의 해리 에틴저 씨가 개인 재산을 내어 세운 마을입니다. 한국 시민이 배척한 한센병력자를 미국 시민이 도와준 것입니다. 그 점을 기념해 이곳 주민들은 마을 한가운데 헌인교회 앞에 '에틴져마을' 비석을 세웠습니다(김시덕 『갈등 도시』, 《조선일보》 2020년 8월 22일 자 「헌인마을의 비극이 드러낸 한국 현대사」 등).

'부산 수화 예방' 비석

부산역 앞 화재 이재민들이 위트컴 장군 송덕비를 세운 1954년 11월 로부터 한 달이 지난 12월 10일과 26일에는, 용두산에 두 차례 큰불이 나

도판 4   서울 서초구 내곡동 헌인마을의 '에틴져마을' 비석 (2018년 7월)

피란민들이 다수 사상(死傷)했습니다. 이 지역의 옛 부산국악원 내 벽돌 창고에 수용해 뒀던 조선 국왕들의 어진(御眞) 대부분과 약 3,400점의 유물도 불탔지요. 1953년 부산역 앞 화재로 원도심 식민지 시기 구역이 불타 사라졌다면, 1954년 용두산 화재에서는 조선 시대의 왕실 유물이 소실된 것입니다.

　　이 화재로 어진을 포함한 약 3천4백여 점의 궁중 유물이 소실되었다고 한다. 대부분 목록조차 정리되지 못한 채로 화염 속에 묻혔다. 안전지대로 믿었던 부산의 보관처는 끝내 유물의 안전을 지키지 못했다. 불길 속에서 건져 낸 어진은 불과 여섯 점 정도에 불과했다. 조선왕조의 어진은 그렇게 역사의 저편으로 사라졌다.
　　— 고연희·김동준·정민 외. 『한국학, 그림을 그리다』, 태학사, 2013: 422쪽.

삼한부터 삼국시대, 고려, 조선에 이르는 전근대 한반도 유적·유물의 상당수는 외국 세력의 침략과 약탈이 아니라 한반도 주민 손에 파괴되었습니다. 1970~1980년대 서울 강남(서초구·강남구·송파구 중북부) 지역을 개발하며 파괴된 고인돌과 백제 고분이 그랬고, 1975년 경주 안압지에서 출토되었다가 보존 처리 중 불타 버린 14면체 주사위가 그랬으며, 1954년 부산 용두산 화재에 따른 조선 시대 왕실 유물들이 그랬습니다. '몽골인, 홍건적, 한인(漢人), 일본인 등'이 한반도의 유적과 유물을 다수 파괴한 것은 사실이지만 '한국인 자신'이 스스로 없애 버린 유적과 유물도 많지요. 이 두 가지 주체의 파괴 행위 가운데 전자만 강조되고 후자는 언급을 꺼리는 것은, 자성(自省)이라는 미덕에 가치를 두지 않는 현대 한국의 안타까운 일면입니다.

1953~1954년에 여러 차례 화재를 겪은 부산의 민관(民官)은 1955년 용두산공원 기슭에 '부산 수화 예방'(釜山水火豫防)이라는 비석을 세우게 됩니다. 건립 후 한동안 풀숲에 방치되어 있던 이 비석은 최근 재발견되어서 정비되었지요. 현장에는 네 개의 비석이 서 있는데, 각각이 특징적이어서 시간 가는 줄 모르고 한참 살피게 됩니다.

그중 앞면에 "관허 / 용두산 신위"라고 새겨진 부산 수화 예방 비석은 경상남도지사, 부산시장 등의 후원을 받아 부산수화기도회 단체장 문기홍이라는 분이 세운 것으로 알려져 있습니다. 이 비석의 뒷면에는 네모난 부적이 새겨져 있는데, 비석이 절벽에 바짝 붙어 세워진 바람에 뒷면을 자세히 살피기가 쉽지는 않습니다. 용두산의 산신이 보라고 새긴 부적이니 사람들이 볼 필요가 없다고 생각해서, 또는 사람들이 보지 못하도록 그렇게 세운 듯합니다.

도판 5   부산 중구 광복동2가 용두산공원의 '부산 수화 예방' 비석 (2019년 11월)

앞면: 관허 / 용두산 신위

뒷면: 부산 수화 예방 / 단기 4288년(1955) 정월 15일 / 설립회장 문기
홍 / 도지사 (이하 명단 생략) / (부적) / 황하수급 / 사해용왕

1953~1954년에 잇따라 발생한 세 번의 부산 구도심 화재는 '(국제시장
재건) 준공 기념비', '부산시 화재 이재민 주택 준공 기념비', 위트컴 장군

송덕비, '부산 수화 예방' 등 네 개의 비석을 탄생시켰습니다. 그중 위트컴 장군 송덕비는 사라졌고 '부산시 화재 이재민 주택 준공 기념비'도 주변 지역의 재개발에 따라 앞으로의 운명을 알 수 없는 상태입니다.

　저는 한국의 도시를 답사할 때, 이미 문화재로 등록된 전근대 유적이나 유물보다는 문화재로 등록되어 있지 않아 언제 사라질지 모를 근현대의 유적과 유물을 우선해서 살피고 가능한 한 자세히 기록하려 합니다. 국가와 지배 집단은 자신들이 원하는 방향으로 시민을 이끌어 가는 데 유리한 것들은 널리 현창(顯彰)하고, 시민에게 알려지면 곤란하거나 자신들이 보기에 하찮은 '시민들의 유적·유물'은 감추며 없앱니다. 미군이 주도적으로 부산 시민을 도와줬음을 기념하는 위트컴 장군 송덕비는 그래서 사라졌으며, 이재민 주택 준공 기념비도 사라질 위험에 처해 있습니다. 그렇기에 뜻있는 대한민국 시민은 국가가 문화재로 지정하지 않은 도시 구획과 건물과 유적을 직접 찾아가서 살피고 기록함으로써, 민주공화국의 성립 과정을 되새길 필요가 있습니다. 답사를 통해 내가 살아가는 나라와 지역에 대한 주체적인 관점을 기르는 것은 시민의 의무임과 동시에 권리입니다.

06

생산도시 광주

: 이제는 사라진 IBRD 차관 단지에 대하여

하남 산업 단지와 신가동 차관 단지

한국은 태생부터 국제적인 성격을 띤 나라입니다. 연합국이 제2차세계대전에서 일본을 패배시킨 덕분에 독립을 이뤘고, 유엔군이 6·25전쟁에서 북한·중공군을 물리친 덕에 생존할 수 있었습니다. 그뿐만 아니라 유엔한국재건단(UNKRA), 한미재단, 국제부흥개발은행(IBRD)과 같은 국제적인 기관들도 신생국가 한국의 정치적 안정과 경제적 성장에 큰 도움을 줬습니다.

이 장에서는 국제부흥개발은행에서 빌린 자금으로 1980년대 광주에 건설한 시설들을 살펴보려고 합니다. 바로 광주의 대표적 산업 단지인 '하남 산업 단지', 그리고 이곳의 배후 주거지역으로서 조성된 '신가동 차관 단지'입니다.

도판 1   광주 광산구 비아동의 비아5일시장 (2022년 2월)

하남 산업 단지와 신가동 차관 단지는 광주의 서쪽 지역인 광산구에 자리합니다. 광산구는 1987년까지는 '광산군'이라는 독립된 행정구역이 었지요. 1988년 광주에 편입되면서 광산구로 이름을 바꿨으며, 현재 광주의 새로운 경제적 중심으로 기능하고 있습니다. 광주를 대표하는 신도시인 수완 지구와 광주 일대의 경제적 엔진인 하남 산업 단지, 광주 첨단 과학 산업 단지, 빛그린 산업 단지 등이 광산구와 그 주변 지역에 있지요.

지금 살펴볼 광산구의 하남 산업 단지와 신가동 차관 단지는, 예전 광산군 비아면에 속하던 땅에 자리 잡고 있습니다. 2022년 제20대 대통령 선거를 앞두고, 광주에 복합 쇼핑몰을 유치하는 문제가 화제가 된 적 있지요. 이때 현지의 모 정치인은 '광주에는 복합 쇼핑몰은 없어도 5일장이 많이 있다'는 취지의 글을 SNS에 올렸습니다(《조선일보》 2022년 2월 18일 자 「정의당 전 대표 "광주, 복합 쇼핑몰 없어도 5일장이 세 개나 있다"」). 그 정치인이 떠올렸을 광주의 5일장 가운데 하나가, 조선 시대 후기부터 존재했다고 하는 광산구의 '비아5일시장'입니다.

옛 비아면 일대는 하남 산업 단지, 광주 첨단 과학 산업 단지, 수완 지구 등이 조성되면서 예전 모습을 잃었습니다. 하지만 비아5일시장을 관통하는 길은 이전에 조성된 신작로 그대로입니다. 이 정도로 인상적인 공간이다 보니 '광주의 5일장' 하면 현지의 많은 분이 송정장(송정5일시장), 말바우장(말바우시장)과 함께 비아장을 거론합니다.

> 비아읍은 작은 면 소재지에 불과하지만 사통팔달 교통의 요충지이자 교육, 소비, 문화의 중심이었다. 광주, 송정, 담양, 장성으로 오가는 길목에 위치해 시외버스들이 수시로 지나갔다.
>
> 뿐만 아니라 조선 시대부터 맥을 이어 온 비아5일장이 시끌벅적하게 열렸고, 농촌 지역으로는 드물게 영화관이 영업하고 있었다. 그리고 읍내에는 성당 공소를 비롯해서 면사무소, 보건소, 지소, 우체국과 같은 기관들이 큰길 주변으로 줄지어 있었다. (…)
>
> 옛길이 대부분 사라졌지만 비아초등학교 가는 GS 주유소 삼거리 길은 예전 그대로의 신작로 길이다. 학생들은 이 신작로를 따라 마을별로 무리 지어 등하교를 했다.
>
> ― 박준수, 『비아 첨단마을 옛 이야기』, GIST PRESS, 2020: 186~187쪽.

하남 산업 단지는 박정희 정권 때인 1975년부터 개발계획이 수립되었으나 당시에는 실현되지 못했습니다.《동아일보》1978년 5월 18일 자 「광주 공단 7백만 평 지정」 기사에는 건설부(현재 국토교통부)가 "17일 오후

도판 2 광주 광산구 비아중앙로. 예전에 놓은 신작로가 그대로 남아 있다. (2022년 2월)

전남 광산군 하남면 장덕 저수지 중심 반경 2.75km 일대 7백18만 3천 평을 광주 제2공업단지로 지정, 이 날짜로 기준지가를 고시했"으며 "세계은행차관 자금과 정부 및 전남도 투융자로 건설될 이 공업단지는 79년 말에 착공될 예정"이라는 내용이 보입니다. 1962년 한국에서 최초로 건설된 산업 단지인 울산 공업 센터와 비교하면, 13년이나 늦은 출발이었습니다 (김일태·김국현·김한식 외 『광주 경제 지도』).

이렇게 뒤늦게 출발한 하남 산업 단지는, 그나마 건설 자금을 빌려주기로 한 국제부흥개발은행과 한국 정부 사이에 견해 충돌이 있어서 착공이 자꾸만 늦어졌습니다. 그리고 이 사이에 박정희 대통령의 사망과 5·18 민주화운동 등이 일어납니다. 하남 산업 단지의 제1단지 공사가 시작된 것은 5·18민주화운동이 일어난 1980년의 이듬해인 1981년 1월이지요. 마지막 단지인 제3단지가 준공된 때는 무려 1991년 2월입니다.

광주권 생산도시화 운동

하남 산업 단지 건설공사가 한창이던 1987년 5월 11일 자《매일경제신문》에는 「우리 도에 공장을 [4] 전남(광주)」이라는 기사가 실렸습니다. 이 기사에서는 "경인·부산권에 비해 뒤늦게 공업화에 뛰어든 전남은 개발이 뒤진 만큼 개발에 대한 기대와 관심, 그리고 노력이 어느 지역보다 돋보인다."라며 전라남도 지역의 공업화 열기를 강조했지요. 그런 한편 "60~70년대 수출 주도형 공업화는 경부 축을 중심으로 이뤄졌고 전남은 식량 증산을 위한 농도로서만 역할이 강조"되다 보니 "이 지역의 대도시인 광주는 생산 기반이 거의 없이 소비도시로만 성장, 각 기업의 판매장이 되는 '대리점 도시'가 됐다."라며 안타까움을 드러냈습니다.

이 기사의 이어지는 대목에 아주 중요한 개념이 등장합니다. "이로 인해 이 지역 상공인들이 '광주권 생산도시화 운동'을 전개하기 시작"하여 본촌 공단과 송암 공단, 하남 산업 단지 등이 잇따라 들어서게 되었다는 것입니다.

광주권 생산도시화 운동은 다른 지역에 비해 낙후된 광주권을 생산도시로 만들어 소득을 높이자는 움직임을 가리킵니다. 1970~1980년대 광주의 경제계에서 일어난 생산도시화 운동을 증언하는 것이, 1991년 하남 산업 단지에 세워진 '광주권 생산도시화의 탑'입니다. 이 탑에는 당시 광주시장과 광주상공회의소 회장의 헌정사가 적혀 있습니다.

> 여기 무등벌에 터 잡은 하남 공업단지. 밝고 활기찬 광주인의 꿈이 영그는 생산도시화의 영원한 상징이 되소서.
> 1991. 2. 21.
> 광주직할시장 이효계

> 여기 하남 공업단지는 상공인들의 의지가 그 초석이 되었음에 자랑스럽다. 광주권의 밝은 내일을 위하여 우리는 생산도시화의 횃불을 밝혔으니 빛나거라 횃불이여 영원히 빛나거라.
> 1991. 2. 21.
> 광주상공회의소 회장 신태호

그렇게 예전 광산군 비아면에 하남 산업 단지가 들어서며 이 지역은 생산도시화되었습니다. 한때 전국적으로 명성을 누리던 지역 특산물인 '비아 무'는 그 때문에 서서히 자취를 감췄지요.

> 비아 무가 본격적인 명성을 얻게 된 것은 1960년대 서울 등지에서 채소 수요가 크게 늘면서부터이다. (…)

도판 3   광주 광산구 안청공원에 자리한 '광주권 생산도시화의 탑' (2022년 2월)

　김장철이 되면 비아에서 생산되는 무는 큰 인기를 끌었다. 비아면 일대에서 재배된 무는 중간 수집상에 의해 송정역에 쌓아 두었다가 화물열차에 실려 서울 성동중앙시장으로 팔려 나갔다. 그래서 나중에는 비아 무보다 '송정 무'가 유명해졌다. 송정리 무는 비아와 하남에서 재배되는 무를 말한다.

　　　　　　― 박준수.『비아 첨단마을 옛 이야기』, GIST PRESS, 2020: 131쪽.

비아 무가 사라진 자리를 채운 것은 하남 산업 단지에서 일하며 야학에 다니는 노동자들이었습니다. 광주·전남지역생활야학연합회가 엮은 『거칠지만 맞잡으면 뜨거운 손』(도서출판 광주, 1988)에는 당시 전자 회사에서 근무하던 박미정 씨가 지은 「하남벌」이라는 시가 실렸지요.

> 긴긴 어둠이 / 칼날처럼 들어선 땅 / 영산강 젖 줄기 극락강이 흐르고 / 선량한 농민 내 아버지가 쟁기질하던 땅 / 전설처럼 들려오던 공단 조성에 / 팔자가 드센 땅이 되어 / 경상도 놈, 충청도 놈, 경기도 놈, / 전라도 놈들의 돈 놀음에 / 내 소꿉 친구 철수가 / 극락강에 빠져 죽은 땅. // 공단 조성 / 실업인구 감소 / 노동력 흡입의 명목으로 / 트랙터가 들어서서 / 쟁기질하던 논에도 공장이 / 가을날 기쁨이던 밤밭에도 공장이 / 어머니 한의 넋두리던 옥수수밭에도 공장이 / 굵디굵은 손마디로 / 잔주름 진 얼굴에서 주먹 같은 눈물을 훔치면서 / 끝끝내 내 땅을 지키겠다던 / 아버지의 힘없는 저항을 뿌리치고 / 모진 땅에 처절한 희생으로 들어선 하남 공단. // 낙후한 땅 전라도여! / 처절한 땅 하남이여! / 보이지 않는 노동 착취가 / 명목 좋은 노동력 흡입이 / 콘크리트 벽으로 쌓여진 / 저기 저어기 푸른 건물 속에서는 / 미정이의 강심장이 납땜 연기에 병들고 / 선자의 가냘픈 손마디가 에어질로 거칠어지고 / 효정의 예쁜 귀가 소음으로 찌들어 가는 / 내 아버지 땅.

시에서 이야기하듯, 비아면 농민들의 반대에도 불구하고 논과 밤밭과 옥수수밭은 공장 지대로 바뀌었습니다. 1980년대까지 신도시 조성과 택지 개발을 추진하면서 개발 대상지 주민들의 목소리에 귀를 기울이거나,

이들의 마지막 모습을 기록으로 남기려는 움직임은 거의 없었지요. 그래서 이 시는 소중한 기록입니다.

비아면 신가리 차관 단지

하남 산업 단지가 한창 조성 중이던 1983년, 공단에서부터 동남쪽으로 약 1km 떨어진 비아면 신가리에 주택단지가 들어섰습니다. 그곳은 하남 산업 단지와 마찬가지로 국제부흥개발은행의 차관을 얻어 조성되었지요. 안타깝게도 제가 신가리 차관 단지의 존재를 알게 된 것은 철거 직전이었습니다. "30년 이상 된 주택 밀집 지역으로 건물 노후도가 심하며 골목이 비좁아 소방차도 들어갈 수 없는 도로가 많아 주거 환경 개선이 시급한 지역"이라는 현지 언론의 보도를 통해서였지요(《광산저널》 2012년 12월 21일 자 「신가동 주택 재개발사업 '가속화'」).

'30년 된 주택단지의 노후도가 심하다'는 말이 저로서는 도무지 이해되지 않았습니다. 그래서 이 지역에 관한 예전 기사를 좀 더 검색해 보니, 30년은 양반이고 "20여 년 전 IBRD 차관을 들여 조성됐으며 좁은 골목길과 오래된 주택들로 도시 기반 시설이 열악한 곳"이라는 보도 또한 있었습니다(《광주드림》 2006년 6월 28일 자 「신가 지구 재개발 급히 가다 '주춤'」). 이러한 기사들이 재개발을 부추기는 과장 보도가 아니라면, 1983년에 신가리 차관 단지를 조성할 때부터 뭔가 문제가 있었다는 뜻일 것입니다.

그리하여 찾아간 광주 광산구 신가동의 차관 단지. 건물주가 집을 비웠음을 알리는 '공가'(空家) 표시와 'O' 자, 'X' 자 낙서 등이 단지 곳곳에서

도판 4   광주 광산구 신가동 차관 단지의 나가야 (2020년 9월)

확인되었습니다. 사정이 이러하니 건물 내부에 들어갈 수 없어서, 상태가

얼마나 열악한지는 확인할 수 없었지요. 하지만 뭔가 이상한 느낌을 받은

것은 사실입니다. 1983년에 조성했다는 주택단지가, 마치 식민지 시기에

도판 5   광주 광산구 신가동 차관 단지에서 발견한 도시 화석 (2020년 9월)

지어진 관사나 사택 단지처럼 길쭉한 단층의 '나가야'[長屋]로 이뤄져 있었거든요. 그리고 하나의 나가야를 두 집이 반씩 나눠 사용한 경우가 많았지요. 이는 제국주의 일본이 패망한 뒤 한국 곳곳의 관사와 사택 단지를 적산 가옥으로 민간에 매각할 때, 길쭉한 건물을 두 집으로 나눠 팔면서 나타난 것과 비슷한 현상입니다. 신가동 차관 단지를 답사하면서 전체적으로 든 인상은 한마디로, 이곳이 1980년대에 지어진 주택단지라곤 도저히 믿을 수 없다는 것이었습니다.

조성된 지 20~30년밖에 지나지 않았지만, 마치 100년 전에 지은 것 같던 신가동 차관 단지. 주민들이 거의 빠져나가서 으스스한 느낌마저 드는 골목길을 걸으며, 옛 시대의 흔적을 오늘에 전하는 도시 화석을 여럿 확인했습니다. 이곳이 광산군 비아면 신가리이던 시절에 내걸었을 '종합화장품/신가리센타' 간판, 그리고 1995년 광주광역시로 호칭이 바뀌기 전에 불리던 '광주직할시'라는 지명 등이 대표적이지요.

처음 이곳을 찾았을 때는 재개발을 앞두고 을씨년스러워진 주택단지를 혼자 급하게 다니다 보니 스스로 만족할 만큼 지역 전체를 꼼꼼히 답사하지 못해서 아쉬운 마음이 남았습니다. 그래서 2022년에 모 방송사의 프로그램을 촬영하러 광주로 가게 된 김에, 하루 먼저 내려가 다시 한번 신가동 차관 단지로 향했습니다. 하지만 차관 단지는 불과 몇 개월 전에 대로변의 상가를 제외한 모든 건물의 철거가 끝난 상태였지요. 처음 가서 보는 구도심의 모습이 그곳의 마지막 모습일 때가 많습니다. 2020년 가을에 처음이자 마지막으로 만난 신가동 차관 단지의 기이한 모습은, 이로써 제게 영원한 수수께끼로 남게 되었습니다.

경전선 광주선 극락강역

신가동 차관 단지는 이미 사라져서 다시는 답사할 수 없는 곳입니다. 없어진 곳을 소개하고 끝내 버리면 아쉬울 터이니, 여러분에게 옛 신가동 차관 단지 근처에 자리한 '눈에 띄는' 근대 유산을 한 군데 더 말씀드리겠습니다. 바로 극락강역 철도 역사와 옛 관사 건물입니다. 극락강역은 식

민지 시기에 남조선철도주식회사의 '전남선'으로, 한때는 '광주선'으로, 지금은 '경전선 광주선'이라고 불리는 광주송정역-광주역 11.9km 구간의 중간에 있습니다. 신가동 차관 단지는 입주민들이 이 역을 이용해 광주 도심과 송정으로 간다는 전제를 깔고 조성되었을 것입니다.

　　1959년 지어진 극락강역 철도 역사는 2013년에 철도 문화재로 지정되고, 2019년에는 '최우수 테마 역'으로 선정되었을 정도로 아름다운 모습을 자랑합니다. 제가 찾아갔을 때도 그곳에서 청년들이 영화를 찍고 있었지요.

도판 7   경전선 광주선 극락강역의 철도 역사 (2022년 2월)

도판 8   경전선 광주선 극락강역의 옛 관사 (2022년 2월)

극락강역에 가신 분들은 철도 역사를 바라보고 오른쪽으로 고개를 돌리면 일식 가옥 한 채를 발견하게 될 것입니다. 이 건물은 1922년 극락강역이 업무를 시작한 뒤, 그곳에서 일하는 철도원들을 위해 세워진 관사입니다. 현지 관계자분 말에 따르면, 극락강역 철도 역사는 보존될 예정이지만 관사 건물은 보존 대상에서 제외될 가능성이 있다고 합니다. 원래 같으면 철도 역사와 관사가 한 세트로 보존되는 것이 이상적이나, 여러 사정상 그렇게 보존되는 경우는 거의 없습니다. 어쩌면 곧 사라질지도 모르는 극락강역 철도 관사 건물을 부디 잊지 않고 기억에 담아 두시면 좋겠습니다. 그리고 이 건물을 보면서, 1980년대에 조성되었지만 마치 식민지 시기에 지은 것 같던 기이한 신가동 차관 단지를 상상해 본다면 어떨까요.

07

영주 근대역사문화거리

: 부석사와 소수서원에 가려진 영주

800m 거리의 문화유산

이 장에서는 경상북도 영주시의 '영주 근대역사문화거리'와 그 주변을 답사합니다. 영주 근대역사문화거리는 특정한 건축물 한 동이 아니라 선(線)과 면(面)의 단위로 문화재가 된 사례로서 유명합니다. 1941년 개업한 영주역이 1973년에 현재 장소로 이전하기까지 옛 영주역 주변에는 철도 관사촌, 영주동 근대 한옥, 영광이발관, 풍국정미소, 영주제일교회 등의 근현대 건축물이 세워졌습니다. 이들 건물과 그 주변 지역이 일괄적으로 문화재로 지정된 것이지요. 직선거리로 따지면 800m 정도 됩니다.

하지만 저는 영주 구도심을 이해하려면 800m의 근대역사문화거리를 걷는 것만으로는 부족하다고 느꼈습니다. 왜 그렇게 느꼈는지를 지금부터 말씀드리겠습니다.

도판 1 　 경북 영주시 영주동의 구 영주역 철도 관사촌. 속칭 '관사골'이라고 불린다. (2020년 11월)

도판 2 　 경북 영주시 영주동의 풍국정미소 (2020년 11월)
도판 3 　 경북 영주시 영주동의 영주제일교회 (2020년 11월)

도판 4　　경북 영주시 영주동의 숫골 (2020년 11월)

　　영주 근대역사문화거리의 동쪽 끄트머리인 영주제일교회에서 북쪽
으로 올라간 철탄산 기슭에는 '숫골'이라는 지명이 전해집니다. 1945년
광복과 분단에 즈음해 대한민국 영토로 귀국하거나 월남한 사람들을 이
곳에 수용했기 때문에 '수용소골'이라 부르던 데서 비롯된 이름이라지
요(《영주시민신문》 2019년 2월 18일 자 「영주의 진산 철탄산 아랫마을 '숫골'」). 그
런가 하면 1961년 7월 11일의 영주 대홍수 소식을 전한 《매일신문》 속의
〈수해 상황도〉에도 오늘날 숫골 위치에 '수용소'라고 표시되어 있으므로
(《영주시민신문》 2020년 4월 24일 자 「길 따라 세월 산책 [5] 선비로(신영주 통로)」),
숫골의 어원이 수용소골이라는 추정은 타당해 보입니다. 그렇다면 영주
동 숫골은 20세기 중반 한반도 역사를 증언하는 귀중한 무대일 것입니
다. 현지 분들의 증언에 따르면 수용소가 들어섰던 핵심지역은 아파트 단
지로 재건축되었다고 하지만, 실제로 가서 보니 아파트 주변으로 수용소

도판 5   경북 영주시 하망동의 옛 건물 (2020년 11월)

도판 6   경북 영주시 영주동의 옛 건물 (2020년 11월)

골 시절의 모습을 연상케 하는 건물들이 산골짝에 층층이 자리하고 있었습니다.

한편 영주 근대역사문화거리는 동쪽으로 영주제일교회에서 끝나지만, 거기서부터 영주초등학교-영주향교 앞-영주여자고등학교 앞-영주동산교회로 나아가는 도로가 이어지다가 영동선철로와 만납니다. 구 영주역 철도 관사촌에서 영동선 철로까지 거리는 1.3km 정도입니다. 그런데 영주여자고등학교 동쪽으로는 건축물대장상 1961년에 일괄적으로 지어진 건물군이 자리합니다. 이곳은 1961년 7월 11일 영주시에 큰 피해를 준 대홍수로 발생한 이재민들을 집단 이주시

도판 7 **경북 영주시 영주동의 '이정표' 비석 (2020년 11월)**

킨 재건주택으로 보입니다. 그때의 영주 재건 사업은 1961년 5월 16일 군사 쿠데타로 권력을 잡은 당시 박정희 국가재건최고회의 의장의 주도로 이뤄졌습니다. 쿠데타 세력은 이러한 재건 사업을 중요한 성과로 간주해 1962년 공보부(오늘날 문화체육관광부)가 출판한 『혁명정부 1년간의 업적』에도 대서특필했지요.

영주제일교회에서 재건주택에 이르는, 영주 근대역사문화거리에 포함되지 않는 도로 주변에도 적잖은 수의 근현대 건축물과 식민지 시기에 세워진 '이정표' 비석 같은 역사 문화유산이 산재합니다. 그러나 영주시와 문화재청은 영주제일교회 동쪽 바깥의 거리에서 재건축과 재개발이 상당히 진행되었다고 판단한 듯, 이 일대를 근대 유산의 범위에서 제외했습니다.

전통의 도시이자 철도의 도시

구 영주역 철도 관사촌에서 영동선 철로 변까지 걸으며, 20세기의 문화유산을 지키는 것이 얼마나 곤란한 일인지 새삼 느꼈습니다. 한국 전체에서 봤을 때 결코 큰 규모가 아닌 영주시 안에서도, 약 1.3km의 짧은 도로 주변을 역사 문화 지구로 전부 지정하는 것이 불가능할 정도로 오늘날 재건축·재개발과 철거는 활발히 진행 중입니다. 하물며 영주시보다 더 큰 규모의 도시에서 건물군과 길, 지역의 한 블록을 역사 문화 지구로 지정하고 보존하려는 노력은 더욱더 곤란한 일일 터입니다. 인천을 비롯해 충청북도 제천시, 경기도 수원시, 강원도 원주시, 충청남도 서천군 장항읍 등의 지역을 답사하면서도 마찬가지 문제의식을 떠올렸습니다. 그 도시들에서는 경상북도 영주시나 전라북도 군산시의 사례를 들며 건물군과 길, 지역의 한 블록을 보존하자고 주장하지만 반대로 저는 이곳 영주에서 '선택과 집중'의 중요성을 실감했지요.

지역의 모든 역사 문화유산을 지키기란 불가능하고, 또 그럴 필요도 없습니다. 도시는 박물관이 아니라 사람이 살아가는 곳이기 때문에, 특정 원주민의 추억을 지키기 위해 도시의 성장을 멈출 수는 없습니다. 구도심이 활기를 유지하길 바란다면, 주민이 누릴 수 있는 기반 시설의 신축과 정비가 부단히 이뤄져야 합니다.

만약 특정한 건축물이나 길, 블록이 보존되어야 한다고 생각한다면 이들 역사 문화유산이 오늘날 한국 사회에서 지니는 의미 또는 지역에서 차지하는 특별히 탁월한 가치를 '보편적인 차원'에서 주장해야 합니다. 단순히 나의 추억이 남아 있다는 이유만으로는 다른 사람들을 설득할 수 없습니다. 사라져 가는 것은 모두 아름답게 느껴지는 법입니다. 하지만 그렇다고 해서 향수(nostalgia)만 붙잡으면 더 많은 시민이 더욱 쾌적하게 살아갈 수 있는 도시의 건설을 방해하게 됩니다. 그 결과는 구도심의 황폐화와 슬럼화

도판 8   경북 영주시 영주동의 옛 영주역 터 표지석
(2020년 11월)

일 뿐입니다. 이런 의미에서 구도심 가운데 800m의 도로만을 근대역사문화거리로 선정하여 해당 도로변의 건물군과 블록을 집중적으로 정비한 영주시는 '선택과 집중'에 성공했다고 할 수 있겠습니다.

다만 앞서 말했듯 근대역사문화거리를 포함한 약 1.3km의 도로를 걸으며, 영주시의 선택과 집중에서 배제된 숫골과 재건주택이 제 눈에 띈 것입니다. 길 양측으로 자리한, 근현대 영주가 경험한 중대사인 '해방 및 분단'과 '1961년 대수해'가 근대역사문화거리의 범위에서 제외된 것이 이상하다고 느꼈기 때문입니다.

영주라는 도시가 오늘날과 같은 모습을 띠게 된 또 하나의 중대한 사건인 1941년 7월 1일의 중앙선 영주역 개설 역시, 현지 분들에게는 영주시 발전의 저해 요인으로서 인식되는 경향이 있는 것으로 느껴졌습니다. 중앙선·영동선·경북선 철로가 영주 곳곳을 관통하고 있어 도시가 분단되었다는 주장, 또 철길들이 삼각형으로 교차하며 외부로부터 고립되었음을 묘사하는 "철길에 막혀 설움받던 영주 삼각지마을" 같은 표현 등에서 그런 경향이 읽혔지요.

하지만 영주시 외곽 농촌·산촌 지역에 있는 전통적인 역사 문화유산인 부석사, 소수서원, 무섬마을 등과 달리 영주 구도심을 오늘날처럼 교통과 상업의 중심지로 만들어 낸 핵심 요인은 영주역과 철도입니다. 철도가 부설되면서 영주에는 도시 규모에 비해 많은 시장이 설치되어 현재까지 많은 사람이 찾고 있으며, 연초제조창과 같은 공업 시설이 들어서기도 했습니다.

따라서 영주역과 철도는 영주의 발전을 저해한 요소가 아니라, 영주시 구도심 그 자체입니다. 영주는 부석사와 소수서원의 고장임과 동시에 철도와 공업의 도시이기도 합니다.

대홍수로 시작된 재건의 역사

또한 20세기 후반 영주의 모습을 결정지은 것은 1961년 6월 11일의 대홍수와 이후의 복구 작업입니다. 수해 피해 지역을 복구하는 과정에서 박정희 정부는 단순히 건물과 도로를 다시 짓는 데 그치지 않고 구도심 서쪽에 자리한 영주군 영주읍 가흥리(오늘날 영주시 가흥동) 한절마을의 뒷산을 200m가량 깎아, 물난리의 주범인 서천의 물줄기를 직강화(直江化)하고 중앙선 철길을 옮기는 도시 개조 사업을 단행했습니다(《대한뉴우스》 1962년 4월 7일 자 「영주 수로 변경 공사」). 서울에서 한강 본류와 지류를 바꾸고 일부 본류를 석촌 호수로 남기는 토목공사가 이뤄진 때가 1971년이니, 도시를 관통하는 하천의 흐름을 바꿔 수해를 예방하는 작업은 영주가 서울보다 10년 빨랐던 것입니다.

도판 9   경북 영주시 영주동 후생시장의 옛 건물 (2020년 11월)
도판 10   경북 영주시 휴천동에 연초제조창이 있었음을 전하는 전봇대
                 (2020년 11월)

도판 11   경북 영주시 영주동
                 영주365시장의 쌀가게
                 (2020년 11월)
도판 12   경북 영주시 휴천동의
                 방앗간 (2020년 11월)
도판 13   경북 영주시 휴천동
                 신영주번개시장의 국수
                 가게 (2020년 11월)

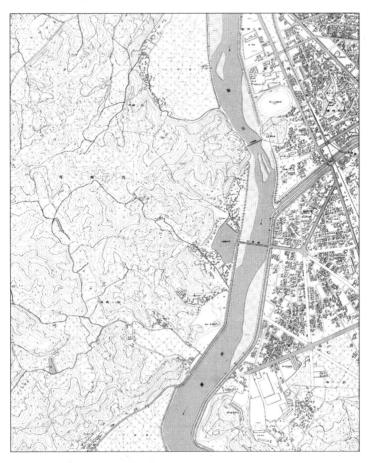

도판 14   1986년 경북 영주시 지도에 나타난 직강화 이후의 서천

5·16군사정변 이후 최초로 삽을 뜬 대규모 토목 재건 사업이다 보니
서천 직강화 공사에 대한 박정희 국가재건최고회의 의장의 관심이 컸고,
준공식에 주한 미국 대사와 유엔군 사령관 등이 참석할 정도로 당시 영주
는 주목받았습니다. 박정희 정권의 새마을운동을 청도군과 포항시, 구미
시 등 경상북도 각지에서 기념하지만 그 근원은 군사 쿠데타 직후 이뤄진
영주의 수해 복구 작업과 서천 직강화 공사였다고 말할 수 있겠습니다.

옛 서천이 흐르던 동쪽의 구성공원에는 재건 공사를 지휘한 이성가 장군의 기념비가 세워져 있고, 새 서천이 흐르게 된 서쪽 구학공원에는 박정희 의장이 식수(植樹)했음을 전하는 비석이 놓여 있어 눈길을 끕니다. 동북쪽의 하망동 재건주택에서 시작해 서남쪽으로 이성가 장군 기념비, 박정희 의장 기념식수 비석, 그리고 직강화된 서천까지 영주의 현대사를 전하는 '재건의 길'은 좀 더 기억될 필요가 있을 것입니다.

두 번 다시 수해를 당하지 않기 위해 구도심 서쪽의 서천을 직강화한 경험은 이후로도 기억되어, 1980년대에는 영주 구도심을 서남쪽으로 가로지르던 원당천 물줄기를 동쪽으로 아예 틀어 버리는 토목공사가 이뤄집니다(《영주시민신문》 2018년 12월 28일 자 「류창수의 잊혀진 영주 역사 이야기 [25] 원당천 수로 변경 공사 [1] 」, 2019년 1월 11일 자 「류창수의 잊혀진 영주 역사 이야기 [26] 원당천 수로 변경 공사 [2] 」). 다른 도시였다면 하천을 복개하고 말았을 것을, 1961년의 대수해와 직강화 공사라는 경험을 지닌 영주시는 물길을 바꾸기로 선택한 것입니다.

그처럼 수해와 직강화 공사는 영주 시민들에게 강렬한 인상을 남겼습니다. 영주의 현대 역사를 알려 주는 귀중한 기록인 『내가 걸어온 영주 반세기』(상지사, 1979)를 남긴 송시익 선생은, 그 책에 '군사

도판 15　경북 영주시 영주동 구성공원의 이성가 장군 기념비 (2020년 11월)

도판 16   1961년 영주 대수해의 피해 상황과 복구 과정을 담은 사진들

혁명과 영주 대수해'라는 독자적인 장을 설정해서 당시 상황을 아주 자세하게 설명했습니다.

전국적으로 따질 때 결코 큰 규모의 도시라고 말할 수 없는 영주가 보여 준 수십 년에 걸친 토목 의지가 느껴지시나요? 오늘날 영주 구도심을 만들어 낸 20세기 중후반의 철도와 수해 재건 사업을 '건설과 재건의 길'이라는 이름으로 묶어서 기념해도 좋겠습니다. 제게는, 부석사와 소수서원이라는 불교와 성리학의 유산만큼이나 가치 있는 '건설과 재건의 길'이 존재하는 영주라는 도시가 대단하게 느껴집니다.

도시는 관광객을 위한 곳이 아니라 주민을 위한 곳입니다. 관광객에게 어필하기에 앞서, 주민이 살아가기 편하고 자긍심을 느낄 수 있는 곳이 되어야 합니다. 한반도 근현대 역사에 관심 많은 타지인으로서 말씀드리자면, 부석사와 소수서원은 물론 훌륭한 문화유산이지만 어디까지나 한반도 역사에서 '과거 시대의 모습'을 전하는 존재일 뿐입니다. 1941년의 중앙선 영주역 개업과 함께 한반도 철도의 한 중심이 된 결과로 많은 수의 시장과 공장을 지니게 된 철도 도시 영주의 흔적들, 그리고 1961년 영주 대수해 재건의 흔적들이야말로 오늘날 영주를 만들어 낸 '동시대적 가치'를 지니는 문화재입니다. 이 두 부류의 역사 문화유산 가운데 어느 한쪽만 강조하지 말고, 양쪽을 모두 효과적으로 홍보하는 방법을 영주 시민들께서 모색해 주신다면 기쁘겠습니다.

08

오늘날의 순천이
되기까지

: 전라선 철도와 1962년 수재

순천역과 조곡동 철도 관사 단지

전라남도 순천시에 갈 때는 KTX를 타곤 합니다. 순천역에 내리면 남쪽과 북쪽으로 펼쳐진 주택단지를 마주하게 되지요. 북쪽으로는 1936년 전라선 철도가 개통하면서 마련된 조곡동 철도 관사 단지가 있고, 남쪽으로는 1975년경에 조성된 풍덕동 국민주택 단지가 자리합니다.

풍덕동 국민주택 단지는 조성된 배경을 잘 알 수 없으며, 순천 분들에게도 그다지 알려지지 않은 것 같습니다. 이와는 대조적으로, 조곡동 철도 관사 단지는 한때 '순천의 부촌'으로 일컬어졌을 정도로 순천시에서는 잘 알려진 지역입니다.

저는 경부선 의왕역의 부곡 철도 관사 단지, 중앙선 안동역의 평화동 철도 관사 단지 등 전국 곳곳의 철도 관사촌을 답사 팀과 함께 찾아다닙

도판 1   전남 순천시 조곡동의 철도 관사 단지 내 집들 (2021년 9월)

니다. 순천역 북쪽의 조곡동 철도 관사 단지는 이제까지 답사한 그 어떤
곳의 철도 관사촌보다 원형을 잘 전하고 있으며, 주민분들의 애향심도 잘
느껴지고, 관광지로서도 가장 잘 정비된 곳입니다. 게스트 하우스도 운영
하고 있으니, 하루 묵으면서 이 일대를 걸어 보시길 추천합니다.

　『마을에 깃든 역사 도시 순천』(부크크, 2017)을 쓴 순천 지역사 연구자
강성호 선생님의 안내를 받아 조곡동 철도 관사 단지를 답사했는데, 마을
구석구석에서 주민분들의 애향심과 자부심이 느껴져서 감탄했습니다.
그 배경에는 이곳 철도 관사 단지가 근대 순천의 신도시이자 부촌이었다
는 사실이 존재할 것입니다.

1962년 순천 수해와 복구

　순천역과 조곡동 철도 관사 단지 일대가 순천의 근대 신도시 지역이
라면, 전근대 순천의 중심지는 순천역 서쪽을 남북으로 흐르는 동천 너머

도판 2   경북 안동시 평화동의 옛 철도 관사 (2020년 10월)
도판 3   경기 의왕시 삼동의 옛 철도 관사 (2020년 7월)

였습니다. 동천 서쪽의 순천 구도심은 다시 둘로 나눠 구분할 수 있는데 북쪽에는 조선 시대의 읍성이, 남쪽에는 순천시청이 자리합니다. 그 가운데로는 옥천이라는 하천이 흐르지요. 구도심의 북쪽에는 웃장이, 남쪽에는 아랫장이 있어 서울의 남대문시장과 동대문시장처럼 순천의 주된 시장 기능을 담당합니다.

현재 순천의 신도시는 조곡동과 순천역 지역의 동쪽으로 형성되어 있습니다. 조곡동을 중간에 두고 구도심과 신도시 시민들은 다소 무관하게 살아가는 듯 보입니다. 한편 순천역과 풍덕동의 남쪽으로는 전국적으로 유명한 '순천만 국가 정원'과 간척지가 드넓게 펼쳐져 있습니다.

오늘날 순천시의 구조를 만든 핵심적 요소는 구도심과 순천역 사이를 지나서 순천만으로 흘러드는 '동천'입니다. 순천시 공간 구조에 관심이 있는 분은 동국대학교 건축공학부의 한광야 선생이 쓴 『도시에 서다 1』 (상상, 2016)을 읽어 보시길 권합니다.

동천은 1962년의 순천 대홍수 이후 직강화 공사가 이뤄졌으며, 30년 뒤인 1992년에 또다시 하류 정비 사업이 추진되었습니다. 1992년 하류 정비 사업 때는 공사에 반대해 '순천만 지역의 생태를 보존하자'는 운동이 벌어지기도 했지요. 그리고 이는 순천만 국가 정원의 탄생으로 이어졌습니다.

이로부터 30년 앞서 이뤄진 동천 직강화 공사는, 1962년 8월 28일의 홍수로 순천 구도심이 큰 피해를 당한 데 따른 것이었습니다. 전날 저녁 무렵부터 쏟아진 폭우로 저수지와 동천 제방이 무너지는 등의 피해가 발생해서 224명의 사망자가 생겼지요. 물난리로 순천 구도심의 절반 이상이 파괴되자, 당시 박정희가 이끈 국가재건최고회의는 이재민을 수용할 주택단지를 구도심 북쪽과 남쪽에 마련하라고 지시합니다. 이재민 주택단지 건설은 대홍수 직후인 9월 초부터 시작되어 그해 12월에 준공식과 입주식이 열립니다. 정부가 이렇게 신속히 대응할 수 있었던 데는, 바로 한 해 전인 1961년 7월 11일에 발생한 수해로 피해를 본 경상북도 영주 구도심을 복구한 경험이 작용했습니다.

앞서 살폈듯, 1961년 영주에 수해가 발생하자 갓 수립된 국가재건최고회의는 영주의 서천을 직강화하고 중앙선 노선을 바꾸고 이재민을 수용할 주택단지를 건설하는 등 국가적 역량을 총동원했습니다. 군 복무 중이던 영주 및 예천 출신 군인들을 현지로 보내어 구호 활동에 임하게 하고 영주 출신 대학생의 학비를 감면해 주는 등 민심 수습에도 힘을 기울였지요.

이처럼 국가적 범위로 영주 수해 복구가 이뤄진 사실은 당시 전국적으로 알려져 있었습니다. 그래서 순천 수해가 발생한 날로부터 사흘 뒤인 1962년 8월 30일 자 《조선일보》에는 「'영주' 거울삼아 항구 대책」이라는 기사가 실리기도 했지요.

도판 4   전남 순천시 매곡동에 조성된 A지구 (2021년 9월)
도판 5   전남 순천시 남정동과 인제동에 걸쳐 조성된 C지구 (2021년 9월)

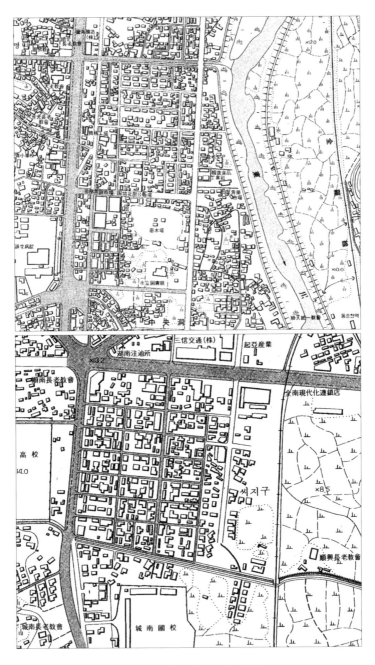

도판 6   1985년 전남 순천시 지도에 나타난 매곡동 A지구
도판 7   1985년 전남 순천시 지도에 나타난 남정동과 인제동의 C지구

처음에는 순천 구도심 외곽에 A·B·C지구 세 곳의 이재민 주택단지가 지정되었습니다. 하지만 B지구 건설은 토지 매입 비용이 맞지 않아 좌절되었고, A지구와 C지구의 이재민 주택단지 건설만 실현됩니다. A지구는 읍성 북쪽의 웃장 근처, C지구는 옥천 남쪽의 아랫장 근처에 각각 마련되었습니다.

현재 A지구에는 '매곡 A지구'라는 이름의 버스 정류장이 남아 있으며, C지구에서는 'C지구소주방'이라는 이름의 가게가 불과 얼마 전까지 영업했습니다. 이러한 도시 화석이 60년이 지난 오늘날까지 남아 있다는 것은 현대 초기의 순천 시민들이 1962년 수해를 얼마나 뼈저리게 경험했는지, 또 그때의 수해 복구 사업이 지금의 순천시를 만드는 데 얼마나 큰 영향을 미쳤는지를 여실히 증언합니다.

순천 구도심은 1962년의 수재 이후 도시 외곽으로 A지구와 C지구가 건설되면서 북과 남, 두 방향으로 확장했다고 볼 수 있습니다. 도시는 이런 방식으로 확장합니다.

8·28과 10·19

대홍수 당시 둑이 터져 수백 명의 시민을 사망케 한 동천을 따라 북에서 남으로 순천역을 향해 달리던 전라선에는, 동순천역이라는 철도역이 있었습니다. 2006년 영업을 중단한 전라선 동순천역 자리에는 '8·28에 가신 이의 위령탑'이라는 비석이 서 있지요. 1962년 8월 28일의 홍수로 숨을 거둔 시민들을 위로하는 위령비입니다.

도판 8 전남 순천시 조곡동의 '8·28에 가신 이의 위령탑' (2021년 9월)
도판 9 전남 순천시 조곡동의 '여순 10·19: 동순천역' 안내판 (2021년 9월)

여기 한 아름 실음을 안고 잠드신 영령 224주의 긴 한이 있다. (…)
1962년 8·28 그날 흙탕물 속에서 꽃들은 지고 열매는 떨어졌다. 못다
살고 가신 임들이여 먹구름 걷혔으니 그 얼 고이 쉬이소서.
　　1983년 8월 28일 건립자 순천시장 주봉래

한편 위령비 옆으로는 '여순 10·19: 동순천역'이라는 안내판이 자리합
니다. 그곳은 전라남도 여수에 주둔하던 조선경비대(대한민국 육군의 전신)
제14연대가 1948년 10월 19일 저녁에 반란을 일으킨 뒤, 순천 북쪽의 구
례를 거쳐 지리산으로 들어가 게릴라전을 벌이려다 순천 경찰들에게 저
지된 다음 인민군 사령부를 설치한 지점입니다.

이미 잘 알려져 있듯, 당시 남조선로동당(남로당) 당원이던 박정희는 '여수·순천 사건'이 일어난 지 한 달 뒤인 1948년 11월 11일 체포됩니다. 그리고 조사 과정에서 한국군 내부의 남로당원들을 밝힌 뒤에야 풀려난 것 같습니다. 박정희의 체포와 석방 과정, 또 그가 밝혔다고 하는 이른바 '박정희 리스트'의 성격에 대해서는 여기서 깊이 말씀드릴 필요가 없을 듯합니다. 그저, 1948년에 자신을 죽음 가까이 몰아넣었던 순천 지역과 수해 복구를 계기로 14년 만에 다시 관계를 맺게 되었다는 점이 무척 인상적입니다.

경상북도 영주시에는 1961년의 대수해 이후 서천을 직강화한 뒤 박정희 당시 국가재건최고회의 의장이 기념식수를 한 나무가 남아 있습니다. 또 박 의장이 영주 수해 대책의 총괄을 맡긴 이성가 장군을 기념하는 비석도 남아 있지요. 영주라는 도시 전체가 1961년 수해를 적극적으로 기억하려는 모습을 확인할 수 있습니다

한편 순천시에는 1962년 수해로 사망한 이들의 넋을 기리는 비석은 있어도, 수해 복구 사업을 추진한 이들을 기억하려는 모습은 잘 보이지 않습니다. 최근 인제동 C지구에 '수해 전시 작은 도서관'이 지어졌을 따름입니다.

순천과 영주는 식민지 시기에 철도 도시로 성장했고, 철도 관사촌을 관광 상품으로 개발하고 있다는 점에서 공통적인 역사를 경험했습니다. 단 1년 차이로 수해를 당했다는 점에서도 공통의 역사를 지녔지요. 하지만 두 도시가 피해와 복구를 기억하고 잊는 모습은 대조적입니다.

그 이유가 무엇인지는 아직 잘 모르겠습니다. 다만 한 가지 말할 수 있는 사실은, 이러한 현상이 '영호남 지역감정'과는 전혀 무관해 보인다는

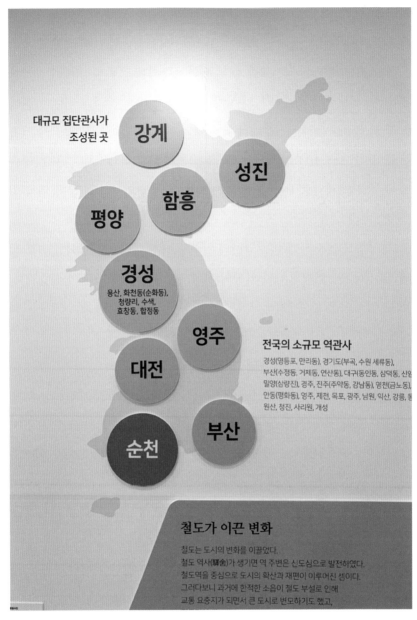

대규모 집단관사가
조성된 곳

강계

성진

함흥

평양

경성
용산, 화천동(순화동),
청량리, 수색,
효창동, 합정동

영주

전국의 소규모 역관사

경성(영등포, 만리동), 경기도(부곡, 수원 세류동),
부산(수정동, 거제동, 연산동), 대구(동인동, 삼덕동, 신암
밀양(삼랑진), 경주, 진주(주약동, 강남동), 영천(금노동),
안동(평화동), 영주, 제천, 목포, 광주, 남원, 익산, 강릉, 돈
원산, 청진, 사리원, 개성

대전

부산

순천

철도가 이끈 변화

철도는 도시의 변화를 이끌었다.
철도 역사(驛舍)가 생기면 역 주변은 신도심으로 발전하였다.
철도역을 중심으로 도시의 확산과 재편이 이루어진 셈이다.
그러다보니 과거에 한적한 소읍이 철도 부설로 인해
교통 요충지가 되면서 큰 도시로 번모하기도 했고,

도판 10   전남 순천시 조곡동의 순천철도마을박물관 전시물에서 나타나는 철도 도시 순천과
영주의 위상 (2021년 9월)

것입니다. 정치적으로 영호남 사이에 지역감정이 나타난 것은 1960년대 말부터입니다. 또 순천을 포함한 섬진강 변의 전라도와 경상도 지역은, 그 밖의 전라도나 경상도 지역과는 정치적 성향이 구분됩니다. 조만간 순천을 다시 찾게 된다면 '수해 전시 작은 도서관'에서 그 이유를 찾아낼 수 있기를 희망합니다.

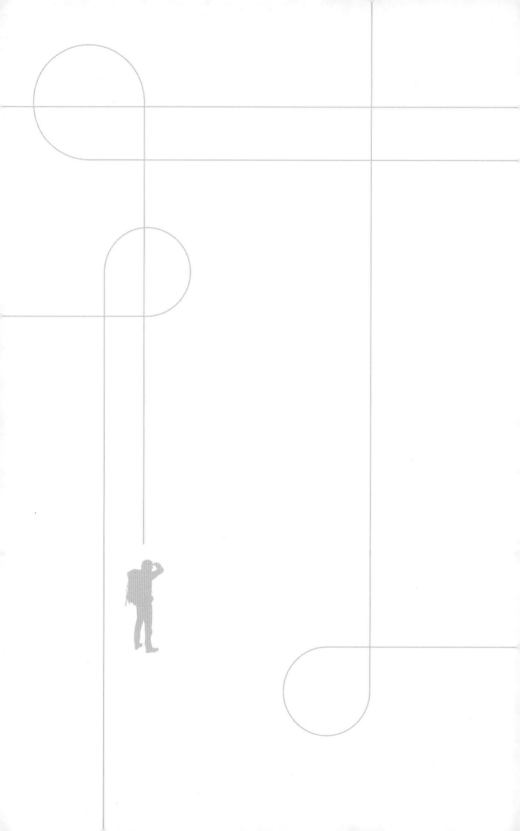

제2부

도시 끝에서는 무슨 일이 벌어지는가

01

원풍모방을
기억하는 관점

: 노조, 아파트, 상이용사촌

빈칸으로 치부된 1970년대 민주 노조 운동

이 장에서는 1970년대 민주 노조 운동의 상징적 존재였던 원풍모방 노동조합의 행적과 조합원들의 진술을 담은 원풍모방노동운동사발간 위원회·민주화운동기념사업회의 『원풍모방 노동운동사』(삶이보이는창, 2010), 황선금의 『공장이 내게 말한 것들』(실천문학사, 2016), 원풍동지회의 『풀은 밟혀도 다시 일어선다』(학민사, 2019)를 길잡이 삼아 대서울의 길을 찾아갑니다. 저는 원풍모방이라는 대상을 ① 민주 노조 운동, ② 노동조 합원이 걷던 길, ③ 원풍모방과 아파트 단지들, ④ 사연 따라 확장되는 대 서울 등 네 가지 관점에서 살피려 합니다.

1970년 11월 13일에 전태일 선생이 분신하면서 시작되었다고 해도 과 언이 아닐 '민주 노조 운동'은 1978년 2월 21일 쟁의를 벌이던 동일방직 노동조합원들에게 회사 내 반대파 남성들이 똥물을 부은 사건과 1978년 8월 11일 신민당사에서 농성 중이던 YH무역 노조원들을 경찰이 진압하는 과정에서 김경숙 선생이 의문의 죽음을 맞이한 사건 등을 거쳐, 이 장의 주인공인 원풍모방 노조원들이 1982년 9월 27일부터 10월 1일까지 서울 동작구 신대방동 공장 안에서 쟁의를 벌이다가 구사대, 용역 깡패, 경찰에게 진압당하고 정선순 조합장은 납치되어 강서구 화곡동 쓰레기장에 버려진 사건을 마지막으로 '일단' 종료되었습니다. 이로써 그동안 박정희 정권에 의해 자행되던 갖가지 노동 탄압을 꿋꿋이 견뎌 낸 "청계피복, 동일방직, 원풍모방, 반도상사, 삼원섬유, YH무역 등이 주류를 이룬 민주 노조 운동"(전 YH 노동조합·한국노동자복지협의회 『YH 노동조합사』)은 전두환 정권의 폭압을 끝내 이기지 못하고 공식적인 활동을 중단할 수밖에 없었지요.

민주 노조 운동은 여성 공장노동자가 주축을 이뤘고 소수의 남성 노동자가 함께했습니다. 이 때문에 "1980년대 노동운동사에서 마치 공백기나 빈 괄호처럼 처리되"(원풍모방노동운동사발간위원회·민주화운동기념사업회 『원풍모방 노동운동사』)어 온 경향이 있습니다.

1983년 8월 12일, 영등포구치소에서 석방되었다. (…) 격리를 당하고 사회에 나와 보니 많은 것이 달라져 있어 괴리감마저 들었다. 70년대 민주 노조의 마지막 보루였던 원풍 노조가 파괴되자, 지식인 운동권 일부에서는 70년대 노동운동을 경제주의니 조합주의니 하면서 매도했다. 모든 것이 허무했다.
— 원풍동지회. 『풀은 밟혀도 다시 일어선다』, 학민사, 2019: 167쪽.

그러한 운동권 지식인 집단의 비판은 계급적·젠더적인 편견에서 비롯된 것입니다. 이에 대해 원풍모방 노조원이던 박순희 선생은 다음과 같이 반론합니다.

> 70년대만큼 연대 투쟁한 적도 없어. 연대라는 용어를 쓰지 않아서 그렇지. (…) 다른 사업장 싸움 때문에 얼마나 두드려 맞고 경찰서를 내 집 드나들듯이 했는데. 방림방적에서 '한 시간 일찍 출근하고 한 시간 늦게 퇴근하기'라는 새마을운동을 해서 두 시간 임금 착취하는 거 그거 받아 내기 위해서 투쟁할 때 우리도 가서 유인물 돌리고 함께했지. 그뿐 아니야. 남영나이론, 해태, 롯데, 하여튼 어디든 싸움할 때 우리 조합원들이 끼지 않으면 그 홍보 작업이 되지 않았다니까. 동네 집집마다 다 유인물 넣고 다니고, 집회라는 집회는 다 쫓아다녔지. 우린 안간힘을 썼어. 그게 연대지.
>
> ― 『원풍모방 노동운동사』, 삶이보이는창, 2010: 337쪽.

이렇듯 1970년대에 맹렬히 활약하다가 박정희·전두환 정권에 의해 노동조합을 강제로 해산당하고, 블랙리스트에 올라 경찰 감시에 시달린 여성 민주 노조 운동가들의 활동을 폄하한 사람들 가운데는 '대학생'으로 상징되는 지식인 집단이 있었습니다. 그들은 노동자들에게 사상성이 없다며 비판했고, 자신들의 이념을 실현하기 위한 도구로서 노동자들을 대했으며, 자신들이 뜻하던 바가 이뤄지지 않으면 대개는 금방 현장에서 떠났지요. 또 세월이 지나서는 자신들을 민주화 운동의 주역이라 자처하며 '노동자, 민중, 피해자를 대변하려면 정치인이나 국회의원이 되는 수밖에 없었다'고 변명을 늘어놓고 있습니다. 2020년 5월에 일본군위안부 피해자 당사자인 이용수 선생이 그간의 사정을 폭로하며 비판한 것도 이와 마찬가지 맥락이라고 저는 이해합니다.

그러한 지식인 집단과는 반대로 '노동자의 어머니' 이소선 선생은 김대중 선생이 1987년에 국회의원 출마를 제안했을 때 "만일 노동자들이 이소선이 국회의원으로서 노동자를 위해 일하는 것이 더 효과적이라고 여겼다면, 이소선은 아마도 그 요청을 받아들였을지 모"르지만 "이소선은 보통 노동자들이 그렇게 생각하지 않는다고 여"겨 이를 "한결같이 거절했"습니다(전순옥 『끝나지 않은 시다의 노래』). 국가권력으로부터 피해를 당한 노동자 당사자들은 여전히 비정규직으로 고생하며 지내는데, 스스로 노동자, 민중, 피해자를 대변한다는 사람들이 민주화 운동 경력을 내세워서 일신의 영달을 누리며 사는 것은 본말이 아주 전도된 일입니다. 이렇듯 사변적이고 조급하며 무책임한 운동권 지식인 집단에 대한 당시 여성 공장노동자들의 비판과 반감은 다음과 같은 발언들에서 매우 뚜렷이 드러납니다.

> 소위 말하는 이들 활동가의 문제점은 여러 가지다. 첫째, 그들은 인내심이 없다. 그들은 빠른 시일 내에 무언가를 이루고 싶어 한다. 무언가를 해서, 성공할 수도 없는 파업을 하루라도 빨리 시작해야 한다고 생각한다. 그리고 나면 그들은 떠나 버린다. (…)
> 나는 학생들이 단기간 개입하는 방식이 싫고, 또 노동자의 일터가 그들의 실험 무대가 되는 것도 싫다.
> — 전순옥. 『끝나지 않은 시다의 노래』, 한겨레신문사, 2004: 370쪽.

열정이 강하면 강할수록 거꾸로 변혁 이론에 현실을 억지로 끼워 맞추는 식의 문제점들이 속출하기도 했다. 하루빨리 성과를 얻어 내야 한다는 조급성도 큰 문제였다. 하지만 무엇보다 큰 문제는 노동자들과 다른 그들의 존재 그 자체에 있었다. 즉, 그들은 어떤 경우에도 노동자로서 살지 않으면 안 되는 숙명적 노동자는 아니었던 것이다.

— 『원풍모방 노동운동사』, 삶이보이는창, 2010: 686쪽.

민주화 투쟁의 광장에서 최루가스도 꽤 마셨다. 그 역사의 현장에 항상 노동자들이 있었다. 훗날 같은 자리에서 시선을 함께했던 많은 지식인들이 권력의 중심부로 진입하는 것도 보았다. 같이 바라보았던 진실을 왜곡하고 부정하는 사람들도 보았다. (…) 세월이 흘러도 처음 그 자리는 늘 우리 자리였다.

— 원풍동지회. 『풀은 밟혀도 다시 일어선다』, 학민사, 2019: 412~413쪽.

지식인 집단과 남성 중심의 노동단체들은 여공들의 민주 노조 운동을 깎아내리고 노동운동사의 공백기로 치부하려 들었습니다. 이에 대해 1978년 동일방직 똥물 사건의 당사자였던 이총각 선생은 다음과 같이 비판합니다.

남한 노동운동이 1987년 이후 엄청나게 진보했다는 것은 부인할 수 없는 일이지만, 이상하게도 외부인들은 그 모든 일이 하룻밤 사이에 일어났다는 인상을 갖고 있는 것 같다. 오늘날 노조 지도자들이 누리는 안락한 생활은 그들 자신이 노력한 결과가 아니라 이전 세대가 투쟁해 온 결과다. 그러나 어떤 이유에서인지 1970년대 노동자들의 희생은 모두 잊혀져 버렸다.

— 전순옥. 『끝나지 않은 시다의 노래』, 한겨레신문사, 2004: 363쪽.

한편 1950~1970년대 인천에서 산업 선교 활동을 펼치다가 1974년의 제2차 인민혁명당(인혁당) 사건과 관련되어 추방된 미국인 감리교 목사 조지 오글(오명걸) 역시 "1980년대 중반 남성 노동자들이 스스로 행동을 취하기 시작했을 때, 그들은 자신들이 십 년 넘게 정의를 위해 투쟁해 온 여성 노동자들의 어깨 위에 서 있다는 것을 알았다."라고 지적한 바 있습니다(전순옥 『끝나지 않은 시다의 노래』). 남자이자 대학을 나온 지식인 집단이 아닌, 여성 공장노동자들이야말로 현대 한국 사회에서 가장 큰 희생을 치르면서도 가장 끈질기게 국가 폭력에 맞서 투쟁한 집단입니다. 지식인 집단은 당시의 사회운동을 해석할 때 줄곧 과대 대표되었으며 그들의 행적 또한 과대평가를 받고 있습니다. 이는 그들이 자신들의 입장을 글과 말로 표현할 방법을 알고 통로를 확보했기 때문입니다. 지금 이 글을 쓰는 저도 그러한 함정에 빠지기 쉽다고 생각하며, 이를 피하기 위해서는 원풍모방 노동조합이 해산하던 마지막 순간인 1983년 1월 19일까지 함께한 이우정 선생과 같은 철저한 자각이 있어야 한다고 믿습니다.

"나는 노동자가 아니다. 내가 아무리 노동자를 이해한다고 해도 내가 노동자가 될 수 없고 당신들도 나를 노동자로 봐 주지 않을 것이다. 그러나 당신들이 노동운동을 하는 데 필요한 것, 예를 들면 우리의 노동법이 ILO(국제노동기구) 규정과 어떻게 다른지, 우리의 인권 상황을 국제사회에 어떻게 알려야 하는지 등의 고민을 해결하기 위한 통로로 나를 이용해라. 대신 나는 내가 못 가진 당신들의 투지, 끈질긴 신념 등을 배우겠다. 그렇게 말했어. 그랬더니 나를 받아들여 주더군."
— '민주화운동기념사업회'. 「낮은 이들의 작은 처소, 이우정 1」, 2008. 12. 29.

원풍모방 노동조합원이 걷던 길

1978년의 똥물 사건 때 동일방직 여성 노동자들은 인천도시산업선교회로 피신했습니다. 조지 오글 목사가 1961년에 개설한 인천도시산업선교회는 지금도 '미문의일꾼교회'라는 이름으로 활동 중입니다. 인천의 문화단체 '스페이스 빔'은 2020년 10월 24일 동구 만석동 동일방직 인천공장에서 화수동 미문의일꾼교회까지 걷는 '어느 여성 노동자의 길'이라는 행사를 주최했습니다.

이 아이디어에 착안한 저는, 원풍모방 민주 노조와 관련된 네 가지 길을 조합원들의 증언에서 찾아낼 수 있었습니다. 원풍모방 노동조합원이 걸은 네 가지 길은 민주 노조 전성시대에서 해직과 명예 회복에 이르기까지 기승전결의 구조를 띱니다.

첫 번째 길은 서울 동작구 신대방동 원풍모방 공장에서 영등포구 신길동의 삼성새마을청소년학교(오늘날 삼성실업학교)와 영등포동4가의 한림학원 등으로 가던 '고학(苦學)의 길'입니다. 원풍모방 노조원들은 공장에서 이들 학교와 학원까지 3~4km의 길을 걸어 다니며 아낀 돈을 고향으로 보냈습니다. 이필남 선생은 야간 근무를 마치고 영등포 한림학원까지

도판 1　'어느 어싱 노동자의 길' 행사 포스터

걸어가면서 졸다가 신길동 신풍시장 길가의 전봇대에 머리를 부딪혀 피를 흘리기도 했습니다.

　　12시간 철야를 하고 졸면서 길을 걷다 생긴 일이었다. 쥐꼬리만 한 월급에 학원비 500원을 내는 것도 부담스럽다 보니 차비 10원이라도 아끼기 위해 꾸벅거리며 걸어갔던 것이다.

— 황선금. 『공장이 내게 말한 것들』, 실천문학사, 2016: 25쪽.

두 번째 길은 박정희 대통령이 암살된 1979년 10월 26일부터 1980년 5·18민주화운동에 이르기까지의 정치적 해방기 가운데 막판에 해당하는 1980년 5월 13~14일, 서울 영등포구 여의도동의 노총회관에서 노동법 개정 궐기대회를 연 뒤 해산식을 하고 대방 지하 차도를 통과해 동작구 신대방동 원풍모방 공장까지 비 맞으며 걸어간 4.5km의 '투쟁의 길'입니다. 그로부터 바로 나흘 뒤, 광주에서 5·18민주화운동이 일어나지요.

1980년 5월에 여의도에서 한국노총 궐기대회가 있었어요. 당시에 정한주라는 사람이 노총 위원장이었는데, 저는 조합원들과 함께 집단으로 (소속되어) 참여했었죠. 노동법 궐기대회인데도 사실은 노총이 어용이라 굉장히 미흡하게 대처했어요. 그런데 당시 원풍이나 자주적으로 노동운동을 한다고 하는 몇 개 사업장에서 그거에 대한 문제 제기를 한 거예요. 소위 어용인 노총 간부들이 사죄하게끔 하고 이랬었거든요. (…) 3교대니까 밤을 새워 가면서 농성하다가 출근하고, 퇴근하면 그리로 가는 거예요. 그러다가 해산식을 하더라구요. 여의도에서 해산식을 하고 노총회관에서 원풍모방 있는 대림동(신대방동)까지 걸어왔어요. 뭔지 설명은 못 들었는데, 여기서 해산하지 않으면 큰 문제가 생긴다면서 해산을 선언하고 방용석 지부장과 함께 조합원들 몇백 명이 쭉 걸어오는데, 비는 내리고 그때 굉장히 참담하더라구요.

— 『미싱은 돌고 도네 돌아가네』, 서울역사편찬원, 2016: 169쪽.

대방동 지하도를 지날 때 캄캄한 굴속에서 부르는 우리들의 노래
가 가슴을 찡하게 울렸다. 형언하기 어려운 심정으로 아무도 듣는 이
없는 두터운 벽 속에서 〈오 자유〉를 부르며 노동운동은 참 외로운 것
이다라는 생각에 잠겼다.

　　　　　　　　　　　　　　　　— 『원풍모방 노동운동사』, 삶이보이는창, 2010: 438쪽.

세 번째 길은 1982년 9월 27일에서 10월 1일 사이의 추석 연휴 시기에
노조원 243명이 연행되고 퇴직 처분받은 뒤, 10월 13일 서울 동작구 신대
방동 원풍모방 공장 정문에서 출근 투쟁을 벌이다가 약 2km 떨어진 관악
구 신림동 서울남부경찰서로 연행되어 간 '탄압의 길'입니다. 1972년 개
설된 서울남부경찰서는 영등포구에서 떨어져 나온 관악구·구로구·금천

도판 3   서울 관악구 신림동에 있던 서울금천경찰서 청사

구를 관할했으며, 2006년 서울금천경찰서로 이름을 바꾼 뒤에도 한동안 관악구 신림동에 있다가 2018년에야 금천구 시흥동으로 옮겨 갔습니다.

　　노조원 박순자 선생의 고모님은 그날 아침의 출근 투쟁 장면을 찍으러 텔레비전 방송사에서 나와 있는 것을 보고 "이놈들아, 방송도 똑바로 하지 않으면서 왜 카메라로 찍느냐!"(원풍동지회『풀은 밟혀도 다시 일어선다』)라며 기자의 카메라를 부수기도 했습니다. 9월 27일의 폭력 진압 당시 구사대와 함께 나타난 기자들이 "이렇게 쉽게 노조를 깰 수 있는 것을 왜 그토록 오랜 시일이 걸린 거지?"(원풍동지회『풀은 밟혀도 다시 일어선다』)라며 비웃고, 사실을 왜곡한 방송을 내보낸 데 대한 반감의 표출이었지요.

　　한편 이 당시 원풍모방 공장에서 농성하던 노조원들은 전투경찰과 형사들에게 쫓길 때마다 〈애국가〉를 불렀다고 합니다. 이러면 형사들은 노조원들을 쫓다 말고 "가슴에 손을 얹고 노래가 끝나기를 기다렸다."라고 합니다.

> 강당은 다시 투쟁가와 구호 소리로 들썩였다. 형사들이 쫓아오고 전경이 곤봉을 들고 들어오면 〈애국가〉를 불렀다. 그러면 그들은 소리치며 윽박지르는 대신 가슴에 손을 얹고 노래가 끝나기를 기다렸다. 그 시절만 해도 〈애국가〉가 나오면 가던 길도, 하던 행동도 멈추고 국기 방향을 향해 예의를 갖춰야 했다.
>
> 작전은 대성공이었다. 〈애국가〉를 밤새도록 부르다 보니 처음엔 1절만 하던 것을 나중에는 4절까지 부르게 되었다. 1박 2일 동안 투쟁가와 〈애국가〉는 남부경찰서를 뒤흔들었다.
>
> ― 원풍동지회. 『풀은 밟혀도 다시 일어선다』, 학민사, 2019: 538쪽.

현재 비어 있는 옛 서울남부경찰서-서울금천경찰서 청사는, 이처럼 1970년대 민주 노조의 최후 저항 활동이 펼쳐진 곳입니다. 그곳 청사와 땅을 어떻게 활용할지를 두고서는 갑론을박이 펼쳐진 끝에, 시립 도서관과 공공 주택 등이 들어서는 계획이 추진 중이라지요. 뒤에서 서술하겠지만 원풍모방 공장 땅은 이미 아파트 단지가 되어 있으니, 옛 서울남부경찰서-서울금천경찰서 땅만이라도 민주 노조 운동을 기념하는 공간으로 활용하면 어땠을까 싶습니다.

마지막으로 네 번째 길은 1982년 크리스마스이브, 노조 분쇄 이후 조합원들이 임시로 머물던 서울 영등포구 당산동의 영등포산업선교회에서 노조 간부 여덟 명이 갇혀 있던 구로구 고척동의 영등포구치소까지 걸은

7km의 '인내와 부활의 길'입니다. 그 길은 원풍모방을 비롯한 여러 공장의 노동자가 함께 걸었고, 구치소 앞에서도 원풍모방과 한국콘트롤데이타 구속 노동자들의 이름을 모두 외치며 연대의 뜻을 표했습니다.

노동교회에서 성탄 예배를 마치고 초롱불을 들고 고척동 구치소로 새벽 송을 하러 갔다. 대다수가 원풍 노동자들이었지만, 다른 공장 노동자들도 많이 동행해 주었다. 초저녁에 화려했던 성탄 트리도 잠이 든 듯 꺼져 있는 늦은 밤길을 수십 명이 무리 지어 걸었다. 당산동 산업선교회 회관에서 출발하여 고척동 구치소까지 걸어갔다. 적막하다 못해 괴괴하기까지 한 구치소 정문 앞에 서 보니 가슴이 먹먹했다. 우리는 찬송가 대신 구속자들의 이름을 한 사람씩 부르기 시작했다.

"방용석! 박순희! 정선순! 박순애! 양승화! 김숙자! 차언년!"

그리고 콘트롤데이타 노조 구속 노동자 "이태희! 박영선!"

목이 터져라 불렀다.

구치소 안 어디쯤 갇혀 있는지를 짐작할 수 없던 우리는 그 어둡고 침침한, 그래서 괴괴하기까지 한 구치소 울타리를 끼고 돌면서 구속자들의 이름을 부르고 또 불렀다.

— 황선금, 『공장이 내게 말한 것들』, 실천문학사, 2016: 335~336쪽.

『구약성경』의 「여호수아기」 제6장에는 '이스라엘 백성들이 예리코(여리고) 성을 포위하고 크게 소리를 지르니, 성벽이 무너졌다'는 이야기가 나옵니다. 1982년 12월 24일에 이들 노동자가 구속된 자들의 이름을 크게 외치며 돌던 고척동 구치소는 마침내 철거되었고, 노동자들은 명예

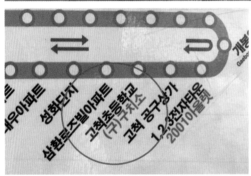

도판 4　서울 구로구 고척동의 옛 영등포구치소 자리.
　　　지금은 아파트 단지와 쇼핑몰이 들어섰다.
　　　(2019년 1월)

도판 5　서울 영등포구 당산동의
　　　영등포산업선교회·성문밖교회 머릿돌
　　　(2020년 12월)

도판 6　버스 정보 안내판에서 확인되는 옛 구치소의
　　　흔적 (2019년 1월)

를 회복받았습니다. 이들의 외침이 고척동 구치소를 무너뜨린 셈입니다.
1982년 9월 27일의 원풍모방 노동조합 탄압 사건 당시, 극히 일부의 인사
를 제외한 대다수 종교인, 정치인, 지식인 집단은 이들 노동자를 외면했
습니다. 노동자들은 자신의 힘으로 자기 자신을 구원했지요.

　　그 이후부터 교회에 나가지 않았다. '헐벗고 병든 자들은 다 내게로
오라'고 말씀하신 예수님이 교회에 없다고 생각하는 것 같았다. (…)

어떤 목사님이 양문교회 문을 막 두드렸더니 문이 열렸다. 그분은 원풍모방 노동자들이 쫓기는데 왜 문을 안 열어 주냐고, 하늘에서 하느님이 다 보고 계신다고 막 호통을 쳤다. 그 덕분에 우리들은 교회 안으로 들어갈 수 있었다.

— 원풍동지회. 『풀은 밟혀도 다시 일어선다』, 학민사, 2019: 89·387쪽.

이들 원풍모방 노조원은 1984년 원풍모방 공장에서 영등포 로터리에 이르는 신길로 중간에 자리한 다세대주택에 공동 자금으로 '원풍의 집'을 마련하고, 오늘날까지 활동을 이어 오고 있습니다. 1982년 크리스마스이브의 행진은 이후 수십 년에 걸친 단결과 저항을 위한 새로운 첫걸음이었습니다. 저는 이 네 갈래 길을 걸으며 '민중의 지팡이'여야 할 경찰, 그리고 동료인 줄 알았던 남성 노동자들에게 폭행당하면서도 민주 노조를 지키려 했던 원풍모방 여성 노조원들을 생각합니다.

사라진 공장과 아파트 단지들

원풍모방 노동조합의 이야기는 수많은 책과 기사로 소개되어 이미 잘 알려져 있습니다. 이들이 자기 인생을 걸고 국가와 회사의 불법적 탄압에 맞서 싸운 과정은, 대한민국이 민주공화국의 정체성을 유지하는 한 되풀이해 이야기되어야 할 것입니다.

하지만 원풍모방에 대한 자료를 읽다 보면, 주로 노동조합에 관심이 집중되는 가운데 회사의 소유주 변동 및 그에 따른 공장 통폐합과 이전

문제는 스쳐 가듯 언급됩니다. 원풍모방 공장이 자리하던 서울 동작구 신대방동 보라매공원 일대에는 원래 공군사관학교가 있었습니다. 그래서 이 지역에는 6·25전쟁 때 남편과 아버지를 잃은 가족을 수용한 '모자원', 상이용사들을 수용한 '재활용사촌'과 '신생원호아파트' 같은 군사 관련 시설이 밀집해 있었지요. 이들 시설은 현재 대부분 재건축·재개발되어 사라졌으나 원풍모방 노동조합이 해체되던 시점까지는 아직 남아 있었습니다. 따라서 이들 시설의 변천사를 파악한다면 원풍모방 노조의 활동을 좀 더 복합적으로 이해할 수 있습니다. 바꿔 말하면, 원풍모방 민주 노조의 활동을 공간적 차원에서 이해함으로써 대서울을 바라보는 새로운 관점을 얻을 수 있지요.

　　원풍모방의 전신인 '한국견방'은 1953년에 개성 상인 단사천과 임실

도판 8   1969년 항공사진에 나타난 원풍모방(빨간색), 재활용사촌과 신생원호아파트(노란색),
공군사관학교(초록색)

사람 최주호, 김재현이 공동으로 설립했습니다. 1961년 김재현이 사망하
며 최주호가 새로이 사장으로 취임했고, 1963년에는 회사 이름을 '한국
모방'으로 바꿨지요. 그때 이 회사에서 최초로 노동조합이 결성됩니다.
한편 그로부터 7년 뒤인 1970년에는 국세청이 단사천을 탈세 혐의로 수
사하면서 경영진이 백태하 등으로 교체되었고, 대통령경호실 출신의 연
세개발 사장 박용운이 이내 한국모방을 인수합니다. 1973년에는 회사에
부도가 발생해 노사 협의체가 발족했고, 1974년 이상순의 원풍그룹이 한
국모방을 인수함에 따라 '원풍모방'으로 이름을 바꾸지요.

그런데 1979년 양정모의 국제상사그룹이 원풍산업을 인수하면서 노
동조합 탄압을 본격화해 1982년의 9·27 사태에 이르게 됩니다. 전두환
정권의 힘을 등에 업고 노조를 무력으로 파괴한 국제그룹은, 아이러니하

게도 전두환 정권에 의해 1985년 도산합니다. '국제그룹 해체 사건'으로 불리는 이 일은 정치권력이 재계에 압도적인 영향력을 행사한 사례로서 '대기업이라 할지라도 권력관계에서 얼마나 취약한지, 정치권력이 공권력과 금융기관을 어떻게 움직이는지'를 유감없이 보여 줬다는 평가를 받습니다. 원풍모방 노동조합원의 눈으로 보자면 인과응보이자 토사구팽이지요.

국제그룹이 해체된 뒤의 원풍모방은 1987년에 옛 소유주인 우성건설의 최주호에게 다시 인수되어서 '우성모직'으로 이름을 바꾸고 충청북도 청주시로 이전합니다(《중앙일보》 1987년 5월 14일 자 「한국모방 10여 년 "방랑" 끝에 다시 창업주 손에」). 그리하여 해직 노동자들은 민주화 운동 관련자로서 명예 회복이 된 뒤인 2004년 우성모직에 복직을 요청했으나 거부당해 오늘날에 이르고 있지요.

한국은 '아파트의 나라'라고 해도 과언이 아니기 때문에, 원풍모방을 둘러싼 소유주의 변화 역시 '아파트'로 상징될 수 있습니다. 먼저 한국견방의 공동 설립자인 단사천은 1970년 연세개발의 박용운에게 소유권을 넘겼는데, 연세개발은 당시 서울 마포구 연남동 372-4번지에 연세생산성멘숀아파트를 짓고 있었습니다. '연세'개발이 건설하며 '생산성'을 추구하는 '멘숀' '아파트'라는 이름은 지금의 아파트 작명 감각과는 아주 크게 차이가 납니다. 특히 '생산성'이라는 단어가 가장 먼저 눈에 들어오는데, 연세개발주식회사가 《조선일보》 1970년 5월 30일 자 1면 하단에 낸 분양광고에서는 "생산성이란… 아파트 일부 구역에 가내수공업 수출 쎈타를 설치하여 희망에 따라 주부들의 여가 선용으로 수익성을 높힌다."라고 설명합니다.

도판 9   《조선일보》1970년 5월 30일 자 게재 광고 「여기 선다 70년대의 주택!」

　'싸우면서 건설하자'라는 1969년 기록영화 제목이 상징하듯, 당시 사회 분위기는 아파트에서도 생산과 수출을 요청하고 있었습니다. 생활과 생산을 결합한다는 개념은 일찍이 신앙과 생산을 일체화한 '감람나무 박태선 장로'의 전도관·신앙촌(1957)에서 시도된 바 있으며, 연세생산성멘숀아파트를 거쳐 서울 송파구 잠실주공1단지아파트의 새마을회관(1976)으로 이어지게 됩니다. "전업주부 약 200명을 모아 봉제 작업 등으로 월 160만 원 정도의 소득을 올릴 수 있도록 하자는" 잠실주공1단지아파트의 새마을작업장에 대해 손정목 선생은 "실로 기발할 착상이었다."라고 평가하지만(손정목『서울 도시계획 이야기 3』), 실은 이 또한 연세생산성멘숀아파트에서 그 기원을 찾을 수 있을 것입니다.

　하지만 당시에도 '생산성'이라는 단어는 꽤 이질감을 불러일으킨 듯 보입니다. 《대한뉴스》1970년 9월 19일 자에서는 "연세맨션아파트 상량식"이라 해서 '생산성'이라는 단어를 빼고 준공식 장면을 소개했지요. 길쭉한 외형이 인상적이던 연세생산성멘숀아파트는 '연세맨션아파트',

도판 10 《대한뉴우스》1970년 9월 19일 자「이런 일 저런 일」에 소개된 서울 마포구 연남동의
연세생산성멘숀아파트

'연세맨션', '연세아파트'(《중앙일보》1972년 6월 17일 자「연세아파트, 서울은서

인수」) 등으로 불리다가 2013년에 코오롱하늘채아파트로 재건축됩니다.

한편 1974년 한국모방을 인수한 이상순은 1965년에 원풍산업을 설립

한 뒤 원풍그룹의 총수로 활동했는데, 한국모방 인수 과정에서 김용환 재

무부(현재 기획재정부) 장관의 특혜를 받은 사실이 알려져 물의를 빚은 바

있습니다(《조선비즈》2014년 11월 7일 자「정의선 현대차 부회장을 외손녀사위로

둔 '대부' 이상순」). 원풍모방 노동조합의 역사를 살피다 보면 '노량진의 원

풍모방 제2공장'이 종종 등장합니다. 추측하건대 바로 이곳이 원풍산업

의 자리를 가리키는 것 같습니다.

1989년 발간된 『서울특별시 동명 연혁고 XIII』에서는 동작구 노량진

동의 '빨래골'을 설명하며 "원풍산업 뒷편에는 관악산 줄기에서 졸졸 흘

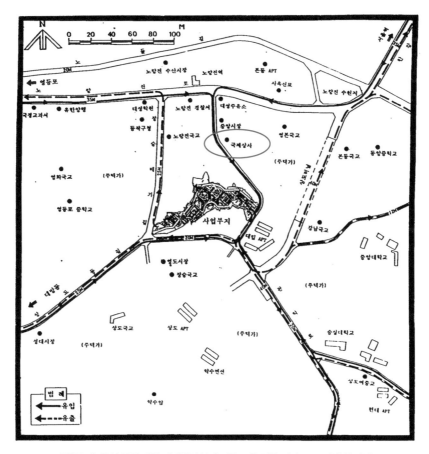

도판 11　「상도 제1구역 주택 개량 재개발사업에 따른 교통 영향 평가」 보고서에 특정된
　　　　 '국제상사'의 위치

러 내려오는 맑은 물을 이용해서 아낙네들이 빨래를 했다고 해서 빨래골
이라 했다."라고 적고 있습니다. 또 2009년 출판된 『서울 지명 사전』에 따
르면 빨래골은 "노량진동에 있던 마을로서, 아낙네들이 원풍산업(현 국제
상사 창고) 뒷편의 관악산 골짜기에서 흘러 내려오는 맑은 물을 이용해서
빨래를 했던 데서 마을 이름이 유래되었다."라고 합니다. 그리고 서울기
록원에 소장된 1992년 「상도 제1구역 주택 개량 재개발사업에 따른 교통

영향 평가」 보고서 속 지도에는 '국제상사'의 위치가 특정되어 있습니다. 이들 정보를 종합해, 이상순이 1979년 원풍그룹의 지분을 국제상사에 넘긴 사실과 맞춰 보면 2001년에 삼익아파트가 들어선 오늘날 서울 동작구 만양로 84(노량진동 330번지)가 원풍산업 = 원풍모방 제2공장 = 국제상사 창고 자리인 듯합니다. 다만 이 추정을 '확신'하기에는 아직 정보가 부족합니다.

그런가 하면 1970년 한국모방을 잃은 뒤 1987년에 원풍모방을 다시 인수한 최주호는, 그사이에 서울 중랑천 동쪽 중화동에서 보도블록을 제조해 판매하며 재기를 꿈꿨습니다. 한편 최주호의 넷째 아들인 최승진은 1974년에 중화주택개발을 설립하고 이듬해인 1975년 중랑구 중화동에 중화아파트, 묵동에 우성아파트를 건설합니다. 고급 아파트 단지의 대명사이던 '우성아파트'를 지은 우성건설의 시작이지요.

중화동의 중화아파트는 1986년 우성타운으로 재건축되었지만, 묵동 우성아파트는 남아 있습니다. '최초의 우성아파트'인 묵동 우성아파트는 '상가아파트'라 불리는 초기 형태의 주상 복합 아파트로서 당시 전국적으로 널리 지어지던 상가아파트들과 유사하며, 이후 전국에 세워진 우성아파트들과는 다릅니다. 우성아파트라는 브랜드를 전국적으로 유명하게 한 서초구 잠원동의 반포우성아파트는 현재 철거되어 다른 브랜드의 아파트 단지로 재건축되었지만, 최초의 우성아파트인 묵동 우성아파트는 아직 남아 있어서 현대 한국의 기업사(企業史)와 아파트 문화를 살필 기회를 제공합니다.

중고등학생 때 저는 한신공영이 세운 잠원동 신반포2차아파트에 살면서 이웃한 반포우성아파트를 신기하게 바라보곤 했습니다. 반포대교

도판 12 서울 중랑구 묵동의 우성아파트
(2020년 12월)

도판 13 서울 중랑구 중화동의 우성타운
(2020년 12월)

도판 14 서울 서초구 잠원동에 있던
반포우성아파트 (2017년 10월)

남단의 신반포 지역은 이른바 '한신랜드'라고 불릴 정도로 한신공영에서 지은 아파트가 많았는데, 그 안에 우성아파트라는 독특한 이름의 아파트 단지가 홀로 놓여 있는 모습이 기이하게 비쳤거든요. 손정목 선생은 최승 진이 반포우성아파트를 건설하는 과정을 『서울 도시계획 이야기 3』(한울, 2003)에서 자세히 서술하고 있습니다. 관심 있는 분은 그 책을 살펴보시 기 바랍니다.

이렇게 아들 최승진이 설립한 우성건설이 번성하자 우성그룹 회장에 취임한 최주호는, 1987년에 원풍모방을 되찾아 충청북도 청주시로 이전 한 뒤 1988년 서울 동작구 신대방동 공장 땅에 신대방우성1차아파트를 세웁니다. 1987년 9·27 사태로 해고된 원풍모방 노동조합원 이영남 선생 은 그 뒤 어느 날 속상한 일이 있어 무작정 서울로 향해서는 "영등포역에 내려 원풍모방이 있던 대림동(신대방동) 주변을 돌아다녔"습니다. "나도 모르게 발길 닿는 대로 간 곳이 거기였"지만 "사라져 버린 공장 자리에는 아파트가 서 있고 기숙사가 있던 언덕도 흔적이 없"어졌지요(원풍동지회 『풀은 밟혀도 다시 일어선다』). 이영남 선생이 본 아파트가 신대방우성1차아 파트였습니다.

원풍모방의 소유주 변화 과정을 아파트 단지 중심으로 정리하면 다음 과 같습니다. '1953년 서울 동작구 신대방동에 원풍모방(당시 한국견방) 설 립(그 자리에 1988년 신대방우성1차아파트 재건축)-1965년 동작구 노량진동에 원풍산업 설립(그 자리에 2001년 삼익아파트 재건축 추정)-1970년 마포구 연 남동에 연세생산성멘숀아파트 준공(그 자리에 2003년 코오롱하늘채아파트 재 건축)-1975년 중랑구 중화동에 중화아파트 준공(그 자리에 1986년 우성타운 재건축) 및 묵동에 우성아파트 준공(현존)-1978년 서초구 잠원동에 반포우

성아파트 준공(그 자리에 2022년 반포르엘아파트 재건축).'

서북쪽의 마포구 연남동에서부터 동북쪽으로 중랑구 중화동과 묵동, 동남쪽으로 서초구 잠원동, 서남쪽으로 동작구 신대방동과 노량진동에 이르기까지 서울 사방의 아파트 단지를 살피면 원풍모방의 연혁을 따라갈 수 있습니다. 과연 현대 한국은 '아파트 단지 공화국'이라고 해도 과언이 아닙니다.

사연 따라 확장되는 대서울

원풍모방의 전신인 한국견방이 애초부터 왜 신대방동에 자리 잡게 되었는지는 알 길이 없습니다. 하지만 박정희 정권 시기에는 섬유산업을 군수산업으로 간주해서, 안보를 이유로 노동쟁의를 금지했습니다(『미싱은 돌고 도네 돌아가네』). 또 6·25전쟁 직후 이승만 대통령이 남편과 아버지를 여읜 가족 예순네 가구를 신대방동 343번지 일대에 정착하게 한 뒤로 이곳에 '모자원'이라는 지명이 생겨났고(서울특별시사편찬위원회 『서울특별시 동명 연혁고 XIII』), 1958년 공군사관학교가 신대방동에 들어선 뒤 1985년에 충청북도 청원군(오늘날 청주시)으로 옮겨 가기까지 이 주변에는 군사 관련 시설이 밀집해 있었지요. 그러한 맥락을 생각하면, 한국견방이 설립될 당시에도 막연하게나마 '섬유산업은 군수산업'이라는 개념에 따라 이곳에 들어서게 되었을지도 모르겠습니다.

박정희 정권 초기에는 상이용사 일흔여덟 가구가 공군사관학교 서북쪽에 자리해 '재활용사촌'이라는 지명이 생겼고 신생원호아파트도 건설

되었습니다. 원풍모방 노동조합원들의 회고에 "의용촌"(원풍동지회 『풀은
밟혀도 다시 일어선다』)이라는 이름으로 등장하는 곳이 바로 재활용사촌과
신생원호아파트가 있던 지역입니다. 신생원호아파트는 2003년에 보라
매롯데닉천대아파트로 재건축되었는데, 이 아파트의 준공 표지판에는
"사업주: 신생아파트 재건축 조합"이라는 문구가 새겨져 있어서 그 땅의
옛 역사를 전해 줍니다.

한편 신생원호아파트 서남쪽에 자리한 재활용사촌의 집단주택과 군
납 공장은 1990년 철거되었지만(《경향신문》 1990년 6월 23일 자 「서울 마지
막 상이용사촌 헐린다」), 전부 아파트 단지로 재건축되지는 않고 일부 블록
이 당시 지번 구조(신대방동 492-○○번지)를 유지 중입니다. 또 신대방우성

도판 17　　서울 동작구 여의대방로2길 입구에 자리한 옛 재활용사촌의 잔존 건물. 뒤로는 옛 원풍모방 공장 터인 신대방우성1차아파트가 보인다. (2020년 3월)

1차아파트 앞에는 1970년대 초에 만들어진 구옥이 한 채 남아 있어, 원풍모방 공장이 이곳에 존재하던 시절의 모습을 상상하게 해 줍니다.

　　한편 경기도 성남시 중원구 상대원동에 조성된 공단 외곽에는 대방용사촌(대방동재활용사촌복지조합)이라는 이름의 군납업체가 자리하고 있었습니다. 공개된 기업 정보에 따르면 그 회사는 설립일이 1965년 2월 1일이고 양말 등을 제조한다는데, 이는 육영수 여사가 기증한 기계로 재활용사촌에서 군용 양말을 생산했다는 기록(《신동아》 2008년 12월 2일 자 「육영수 여사」)과 부합합니다.

　　몇 년 전까지 이 업체의 정문 왼쪽에는 '대방용사촌'이라 적힌 나무 간판이 걸려 있었는데, 2009년 7월 이전의 카카오맵 로드 뷰에서는 같은

도판 18   서울 동작구 신대방동에서 경기 성남시 중원구 상대원동으로 옮겨 온 상이용사들의 자활
공장인 대방용사촌. 아쉽게도 2022년 12월 1일부로 폐업해 지금은 이곳에 다른 업체가
들어섰다. (2020년 12월)

자리에 '대방동재활용사촌복지조합'이라고 적힌 나무 간판이 걸려 있었
음이 확인됩니다. 그리고 정문 오른쪽에는 "UNITED STATES ARMED
FORCES ASSISTANCE TO KOREA / 미군의 원조"와 "이 공장 및 기계 설
비 일체는 박정희 대통령 각하의 분부로 원호처장(현재 국가보훈부 장관)이
국고보조금으로 설치한 것임 / 1969년 5월 12일"이라 적힌 동판이 붙어
있었지요. 서울 청량리 등지의 철거민이 강제로 이주당해 형성된 성남시,
옛 광주 대단지의 끄트머리에 신대방동의 상이용사들도 이주해 왔음을
전하는 이 동판을 보고 깊은 감회에 사로잡혔습니다.

식민지 시기의 '강남'이던 영등포의 남쪽 경계 지역에 세워진 공군사
관학교와 원풍모방은 1985년과 1987년에 각각 청주로 옮겨 갔고, 그 뒤

상이용사들은 대서울의 동남쪽인 성남으로 자리를 옮겼습니다. 한편 원풍모방 민주 노조원들은 국가 폭력에도 불구하고 서울 영등포구 신길동에 거점을 두고서 끈질기게 싸운 끝에 명예를 되찾았지요. 사람은 끈질기게 살아가고, 대서울은 사연 많은 사람과 시설들을 뒤따라 깊어지고 넓어져 갑니다.

도판 19 경기 성남시 중원구 상대원동 대방용사촌에
붙어 있던 동판 (2020년 12월)

02

서울 서초구 방배중앙로

: 도시에서 행해진 '도축'

시흥에서 영등포, 관악과 강남 거쳐

이 장에서는 서울 서초구 방배동을 관통하는 '방배중앙로'를 답사합니다. 방배중앙로를 따라 걸으면 1960년대 서울의 확장과 영동 개발의 초기 모습, 그리고 '이수 단지'라 불리던 1970년대의 뉴 타운이 최근 재건축되며 대량으로 발생한 세입자들의 현실을 목격할 수 있습니다.

구한말부터 식민지 시기에 걸쳐 경기도 시흥군 신동면에 속해 있던 지금의 서울 서초구 방배동 지역은, 1963년 서울시가 시흥군 일부를 합병하며 영등포구로 편입되었습니다. 그리고 영등포구에서 관악구가 독립함에 따라 1973~1980년에는 방배동이 관악구에 속했지요. 현재 '강남'으로 불리는 서울 동남부 대부분이 옛 경기도 광주군의 땅이었던 것과는 달리, 방배동은 서울 서남부 지역 대부분과 마찬가지로 경기도 시흥군

도판 1 　서울 방배동 이수 단지 일대를 보여 주는 1977년과 1984년의 지도. 1977년에는 구획된 이수 단지 택지에 학교 정도만 들어서 있었으나, 1984년이 되면 주택은행 방배동지점과 남서울시장 등의 기반 시설이 모두 갖춰진 모양새다.

의 땅이었던 것입니다. 1976년 2월 5일에는 "서울의 한강 남쪽 이수 단지를 포함한 관악구·강남구의 주택 지구"에 "도시가스가 새로 공급된다."라는 뉴스가 보도되어 '관악구 방배동' 시절을 증언하지요(《동아일보》 1976년 2월 5일 자 「이수 단지·강남 외인 주택 지역에 도시가스 연내 공급」). 강남 지역에서 방배동이 차지하는 독특한 성격, 즉 '경계적 특성'은 이러한 근원의 차이에서 비롯됩니다.

　방배동 일대에서 '관악구 방배동'이라고 적힌 문패를 본 적은 아직 없습니다. 이수 단지의 오래된 구역들이 대체로 모두 철거되었기 때문에, 이제는 '관악구 방배동' 문패를 찾기란 어려울 것으로 예상합니다. 그렇

지만 방배동이 강남구이던 시절(1980~1987)을 증언하는 '강남구 방배동' 문패는 방배중앙로 남쪽의 방배 5구역 재건축 지역에서 몇 개 확인했습니다. 저는 시 당국이나 국가가 재개발·재건축이 시행되는 지역에서 옛 문패들을 체계적으로 수집해 주면 좋겠다는 바람을 늘 지니고 있습니다. 이 문패들은 현대 한국의 역사적 기록이자 도시 화석이기 때문입니다.

도시 화석이 된 광고판과 가게 이름들

제가 방배동에서 확인한 근현대 한국의 도시 화석 가운데 옛 문패와 더불어 독특하다고 느낀 것이 있는데, 바로 옛 독서실과 양복점의 광고판

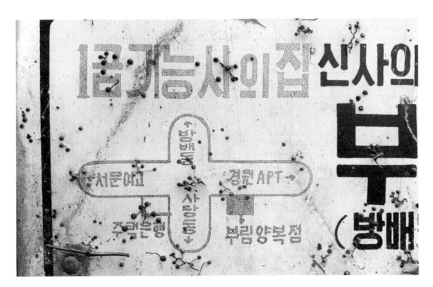

입니다. 먼저 독서실 광고판에서는 "의식 개혁 국민운동 / 선진 조국 창조
의 지름길"이라는 구호와 함께 "최적의 분위기 완벽한 시설과 방음 / 관인
상아탑독서실 / 주택은행 방배동지점 앞"이라는 문구를 볼 수 있습니다.
장안의 화제였던 KBS 다큐멘터리 '모던 코리아' 시리즈(2019~)를 기획한
이태웅 PD의 견해로는, 1988년 서울 하계 올림픽의 공식 로고가 확인되
지 않고 제5공화국 초기의 구호들이 나타나므로 이 광고판은 1982년경
에 제작된 것 같다고 합니다.

　　"365일 불조심"이라는 구호와 함께 "1급 기능사의 집 / 신사의 전당,
예복 전문, 염가 제공 / 부림양복점 / 방배동 주택은행 옆"이라고 적힌 양
복점 광고판도 흥미로운 도시 화석입니다. 광고판 왼쪽 아래에 그려진 지
도 속에, 이제는 재건축된 경원아파트(현재 서울 서초구 도구로 73 대성아파
트)가 표시되어 있는 점이 우선 눈에 띕니다. 그리고 독서실 광고판에 등

장했던 주택은행 방배동지점이 양복점 광고판 지도에도 나타납니다. 지금의 방배초교 입구 교차로 서북쪽(서울 서초구 서초대로 31)에 자리하던 주택은행 방배동지점은 2001년 한국주택은행이 국민은행과 통합된 뒤에도 한동안 같은 위치에 있다가 최근 다른 지역으로 옮겨 갔습니다. 이처럼 시민들이 자신의 관점에서 도시 공간을 이해하여 제작한 지도 역시, 현대 한국의 옛 모습을 추적할 수 있는 실마리를 제공합니다.

부림양복점은 아마도 1970년대 초반 방배동 지역에 이수 단지로 불리는 뉴 타운이 조성되면서, 신흥 중산층의 수요를 예측하고 이곳에 개업했을 터입니다. 《매일경제신문》 1976년 7월 2일 자에는 「서울의 뉴 타운 [1] 이수 단지」라는 기사가 실렸습니다. "도심에서 먼 변두리에 구성된 신흥 주거지"인 "이들 뉴 타운"이 "도시문제로 고생하는 현재의 서울 모든 것을 대변해" 주리라는 취지에서 시작된 기획 기사 시리즈의 제1탄이 방배동 이수 단지였습니다. 경기도 성남시의 분당 신도시가 20세기 후반을 대표하는 뉴 타운이었다면, 이수 단지는 20세기 중반을 대표한 뉴 타운인 것입니다.

이수 단지를 비롯한 영동 신도시에 들어선 보급형 양옥집은, 당시 서울 강북 사람들의 눈에 "집 같지가 않고 고급 양과점 진열장의 데코레이션 케이크"처럼 보였습니다(박해천『아수라장의 모더니티』). 서울 강북에 가장 흔했던 근대식 기와집과는 전혀 다르게 생긴 케이크 모양의 양옥집들은 한때 방배중앙로를 따라 방배동을 가득 메웠고, 이제는 재건축의 대상이 되어 사라지고 있지요. 하지만 당시 이수 단지의 중산층 주민 수요에 부응하고자 이곳에는 양복점과 독서실이 들어섰으며, 또 가구 단지가 생겨났습니다.

도판 5   서울 서초구 방배동의 케이크 모양 양옥집 (2020년 4월)

도판 6   서울 서초구 방배동의 남부종합시장 (2020년 2월)

도판 7   방림시장의 존재를 증언하던 서울 서초구 방배동의
            가게. 하지만 이 가게도 철거를 피할 수 없었고 이제 남은
            증언자로는 방림떡방앗간과 방림부동산이 있다.
            (2019년 1월)

도판 8   서울 서초구 방배동에 있던 남서울시장 (2019년 1월)

도판 9   서울 서초구 방배동 카페 골목의 조형물 (2020년 2월)

도판 10 서울 서초구 방배동의 버스 정류장 이름으로 남은
            이수중앙시장 (2020년 4월)

'사당동 가구 단지'라고도 불리는 방배동의 가구 업체들은 이수 단지 서쪽을 흐르는 사당천(또는 방배천) 인근에 형성되었습니다. 일반적으로 가구 단지는 신도시 주변의 특수한 사연이 있는 위치에 들어서는 경우가 많지요.

방배동에서는 '하천 변'이라는 점이 그에 해당합니다. 관악산과 우면산에서 발원한 사당천은 1982~1991년에 복개되었으니(《라펜트 조경뉴스》 2010년 4월 19일 자 「사당천 복개 도로가 확 달라진다」), 이수 단지가 조성되고 가구 업체들이 자리 잡기 시작하던 시점에는 아직 지상에 노출되어 반포천으로, 또 한강으로 흘러들고 있었습니다.

사당천이 반포천과 만나는 부근이 한때 전국적으로 유명했던 '방배동 카페 골목'입니다. 한동안 '카페 골목에 별다른 특징이 없다'는 말이 많이 들렸는데, 지금은 골목 초입에 커피 잔 모양의 조형물이 설치되어 있습니다.

카페 골목 근처에는 남부종합시장이라는 상가 건물이 있습니다. 이곳에서 방배중앙로를 따라 남쪽으로 내려가면 남서울시장이라는 상가 건물이 또 나왔지요.

영동 신도시 일대에는 '남부'나 '남서울'이라는 단어가 들어간 시장과 지명이 여럿 남아 있는데, 이는 현재 강남 지역이 '1963년 새로이 서울에 편입된 한강 남쪽 땅'이라는 시민들의 심리를 드러냅니다. 남부종합시장과 남서울시장 말고도 이수 단지 주변에는 이수중앙시장과 방림시장이라는 상가 건물이 있었습니다. 오늘날 이수중앙시장은 버스 정류장 이름으로서, 방림시장은 '방림'이라는 단어가 들어간 가게 이름들을 통해 그 기억을 전합니다.

한국 사회의 '도축장'

남부종합시장과 이수중앙시장, 남서울시장과 방림시장 사이의 이수 단지 곳곳에서는 재건축이 활발히 이뤄지고 있습니다. 그 가운데 재건축을 둘러싼 갈등이 특히 첨예했던 곳이 남서울시장 북쪽의 방배 6구역과 서남쪽의 방배 5구역입니다. 상당 부분 철거가 진행된 방배 6구역 일각에 자리한 자동차 정비 업체에서는 재건축에 반대하는 호소문을 전면에 내걸고 있었는데, 재건축 조합이 재건축에 대한 동의를 구하지도 않았으며 시세의 절반만 보상하겠다고 제안한 것에 반대하는 내용으로 보였습니다. 이처럼 재개발·재건축 사업에서는 특히 조합 측과 상가 조합원 사이에 이해관계가 충돌하는 사례가 많지요(《매일경제》 2019년 11월 26일 자 「조합·상가 갈등, 재건축 사업에 직격탄」).

도판 11　서울 서초구 방배 5구역 재개발에 항의하는 움직임 (2020년 9월)

방배 6구역의 남쪽이자 남서울 시장의 서남쪽에 자리한 방배 5구역에서는 조합 측과 세입자들 간의 갈등이 첨예해, 2020년 5월 11일에는 양측에서 부상자와 체포자가 다수 발생했습니다(KBS 2020년 5월 11일 자 「'재건축' 방배 5구역 명도 집행으로 충돌 … 시위대 32명 체포」). 제가 이곳을 답사하던 중에도 상인 측과 재건축 조합 측이 충돌하는 모습을 목격했는데 그로부터 3개월 뒤 큰 충돌이 일

도판 12　　　서울 서초구 방배 6구역의 재건축 반대 플래카드 (2020년 9월)

도판 13　　　서울 서초구 방배 5구역의 철거 직전 모습 (2020년 2월)

어난 것입니다. 이후 세입자분들과 철거민 운동 단체는 한동안 농성을 벌였습니다. 언젠가 일요일 밤에 이곳을 들렀을 때도 몇몇 사람이 농성장의 임시 건물 앞에 앉아 있었고, 그 옆으로는 조합 측으로 보이는 주민이 저를 노려보면서 지나갔습니다. 이를 통해 방배 5구역의 '갈등 도시' 상황을 실감했지요.

철거 예정지에서는 시민의 목소리가 폐업 인사와 플래카드로 나부낍니다. 방배동을 살피면서 "폐장 안내 / 2018년 7월 30일(월) 영업을 마지막으로 폐장함을 알립니다. 그동안(37년간) 이용해 주신 고객님께 감사드립니다."라고 적힌 목욕탕의 폐업 인사, 그리고 어린이집으로 쓰이던 단독주택 정문에 내걸린 플래카드 속 "사람이 살고 있다 / 어떤 놈도 접근하지 마라!"라는 문구가 특히 인상에 남았습니다.

저는 재개발·재건축 구역을 답사할 때마다 '도축장'에 선 듯한 느낌을 받습니다. 그곳에서는 현대 한국 시민들의 생각과 감정이 날것의 상태로 충돌하고, 이러한 충돌을 거쳐 새 아파트가 지어집니다. 재개발과 재건축이 끝나고 세워진 아파트에 입주하는 시민들은, 그 아파트가 들어서기까지 여기서 무슨 싸움이 있었으며 누가 쫓겨났는지를 굳이 알고 싶어 하지 않습니다. 식당에서 고기 요리를 먹는 사람들이, 그 고기가 어떤 동물의 일부분을 어떻게 도축해서 얻어진 것인지 굳이 따지지 않는 것과 같지요.

저는 고기 요리를 즐기는 것과 마찬가지로, 재개발·재건축을 통해 새로운 건물이 한국의 도시에 들어서는 것에도 반대하지는 않습니다. 다만 재개발과 재건축 과정에서 드러나는 현대 한국 사회의 '날것'의 모습을 직시하고 기록해야, 미래의 한국 사회에서는 재개발·재건축 때문에 피눈물 흘리는 분들이 줄어들 것이라고 믿습니다.

현대 한국의 갈등 도시를 살필 때는 최소한 세 번은 그 지역을 들러야합니다. 재개발과 재건축 전에는 그곳에서 날것으로 표출되는 한국 사회의 갈등을 확인하고, 철거 중에는 '불법 주차된 차량이 없는 골목'처럼 한국 도시에서 평소에 볼 수 없는 독특한 풍경을 사진으로 남깁니다. 방배동의 경우에는 1970년대까지 빈 땅이었다가 빽빽하게 건물이 들어섰던

일부 지역이 50년 만에 잠시나마 다시 빈 땅으로 되돌아간 모습을 확인할 수 있었습니다. 이번에 다시 건물이 들어서면, 다음에 다시 빈 땅이 드러나기까지 얼마나 더 걸릴지 모릅니다.

마지막으로 재개발과 재건축이 끝난 뒤에는 '도대체 무엇을 지으려고 사람들이 그 싸움을 벌였던가'를 확인하러 갑니다. 많은 사람이 이용할 수 있는 훌륭한 건물이 세워졌으면 다행이지만 '겨우 이런 결과를 만들어 내려고 그 싸움을 하면서까지 사람들을 쫓아냈던가?' 하는 느낌이 드는 곳도 있습니다. 김포공항 동남쪽의 철거된 마을 '오쇠동'이 그렇습니다.

03

평촌 신도시와 안양 벌말

: 내 친구의 집은 어디인가

평촌 신도시 변천사

이 장에서는 평촌 신도시 개발로 인해 사라진 '내 친구의 집'을 찾아갑니다. 평촌 신도시는 1989년부터 경기도 안양시 동부 지역에 건설된, 1기 신도시 가운데 하나입니다. 수도권에 건설된 다섯 곳의 1기 신도시 가운데 경기도 성남시 분당 신도시와 고양시 일산 신도시는 전국적 규모로 개발되었지만 안양시 평촌 신도시와 군포시 산본 신도시, 부천시 중동 신도시는 상대적으로 소규모로 조성되었습니다.

평촌은 원래 경기도 안양시와 시흥군 의왕읍(오늘날 의왕시)의 경계 지역에 마지막으로 남아 있던 비도시화 지역이었습니다. 그래서 안양시는 1기 신도시 개발이 발표되기 전부터 이 지역에 대한 개발계획을 세워 뒀지요. 하지만 노태우 대통령이 '200만 호 건설'이라는 공약을 내걸었기

도판 1 　수도권 전철 4호선 과천선 평촌역의 '공사 준공 표지판' (2022년 1월)

때문에 그 숫자를 달성하기 위해 평촌 개발을 1기 신도시라는 틀에 끼워 맞췄다고 합니다. 이에 안양시는 정부가 추진하는 평촌 신도시 개발에 불만이 많았다고 하지요(안건혁『분당에서 세종까지』). 그만큼 평촌 지역은 안양시 차원에서도 언젠가 개발해야 할 곳으로 인식되었던 곳입니다.

　신도시가 개발되기 이전의 안양시 평촌동 일대는 '벌말'이라고도 불렸습니다. 수도권 전철 4호선 평촌역의 하행 플랫폼에서 볼 수 있는 '공사 준공 표지판'에는 '벌말역'이라는 이름이 눈에 띕니다. 개통 초기에는 평촌역(坪村驛)이 아닌, 순우리말의 벌말역이라는 이름을 붙이려는 계획이었던 것입니다.

　벌말이라는 이름대로 벌판에 마을이 군데군데 자리하던 평촌동과 주변 지역은, 이름이 주는 한적한 농촌 이미지와는 달리 특수 시설이 밀집한 안양과 의왕의 경계였습니다. 지금도 이 일대에는 오뚜기 안양공장을 비롯한 산업 시설, 열병합발전소, 변전소, 자원 회수 시설, 안양농수산물

도판 2 경기 안양시 동안구 호계동의
　　　 안양교도소 (2019년 3월)

도판 3 경기 안양시 동안구 평촌동의 자원 회수
　　　 시설 (2022년 1월)

도판 4 경기 안양시 동안구 평촌동의 오뚜기
　　　 안양공장 (2022년 1월)

도판 5 경기 안양시 동안구 평촌동의
　　　 안양농수산물시장 (2022년 1월)

도판 6 경기 안양시 동안구 평촌동의
　　　 안양열병합발전소 (2022년 1월)

도판 7 경기 의왕시 내손동의 동안양변전소
　　　 (2022년 1월)

도판 8 　수도권제1순환고속도로와 47번 국도가 교차하는 경기 안양시 동안구 평촌동의 계원대 사거리 (2022년 1월)

시장, 안양교도소, 한센병력자 정착 시설인 성라자로마을, 모락산 자락의 예비군 훈련장, 수도권제1순환고속도로 등의 '특수 시설'이 모여 있지요. 발전소와 변전소, 교도소, 예비군 훈련장 등의 아주 자세한 위치는 공개하지 않겠습니다.

　최근 계획이 취소되어 버렸지만, 시외버스 터미널도 이곳에 들어설 예정이었습니다. 1992년 터미널 부지로 지정되어 2021년에 용도 폐기가 확정되기까지 거의 30년간 그 땅은 아무런 개발 없이 황무지로 남아 있어서, 온갖 특수 시설과 고층 아파트 단지가 뒤엉킨 평촌 신도시에 황량함을 더해 왔지요. 앞으로 이 부지에 고층 오피스텔 빌딩이 세워질 예정이라고 하니, 준공된 뒤에는 평촌 신도시의 상징물(landmark)이 될 것 같습니다.

오피스텔 빌딩은 49층을 예정하고 있다고 합니다. 부지 옆으로 고가 구조의 수도권제1순환고속도로가 지나가고 있으므로, 이 정도 높이여야 평촌의 상징물로서 눈에 띌 것입니다. 그리고 수도권제1순환고속도로는, 이 장의 주제인 '내 친구의 집'과 깊은 관련이 있습니다.

평촌동 나의 집

제가 안양시 평촌동에서 산 때는 초등학교, 아니 국민학교 5학년이던 1987년의 1년간입니다. 신도시가 개발되기 전의 평촌동 시골길 한편에 세워진 2층짜리 공동주택에서 살았습니다.

도판 9   집으로 향하던 안양남초등학교 뒤편의 언덕길 (2022년 1월)

이 당시 '산업도로'라고 부르던 47번 국도에서 안양남국민학교 뒤편으로 가로등 하나 없는 길이 안쪽으로 한 가닥 나 있었습니다. 집까지 걸어서 15분쯤 걸리던 이 컴컴한 길가에는 무덤들이 있었고, 제가 살던 주택 너머로는 축사가 띄엄띄엄 자리했지요. 이번에 이 글을 쓰기 위해서 현지를 답사해 보니, 포장되고 가로등이 설치되기는 했지만 그 길의 형태는 예전 그대로였습니다.

외식할 곳이라고는 47번 국도 변의 닭갈빗집밖에 없었습니다. 어린이라면 누구나 좋아할 중국집이 동네에 없어서 1년간 짜장면을 못 먹다가, 과천의 서울대공원으로 놀러 가서야 1년 만에 짜장면을 맛보고 감격한 기억이 있네요. 그래서 제게는 과천이 안양보다 더 발달한 도시라는 이미지가 생겼습니다.

서울의 국민학교에 다니다가 경기도의 국민학교에 가니 "다가오는 이

천 년의 새날이 오면"으로 시작하는 〈경기도민의 노래〉를 부르게끔 해서 놀란 기억이 있습니다. '경기도에서는 〈경기 도민의 노래〉를 배우는구나.' 하는 이상한 기분이 들었지요. 여담이지만 안양남국민학교는 1963년 10월 23일 경기도 여주군의 조포

도판 10 경기 여주시 천송동에 있는 조포 나루터 위령비 옆면. 2006년 4월 15일 안양남초등학교 총동문회에서 이 위령비를 세웠다. 사고 당시의 학교 이름은 '흥안국민학교'였으며 신륵사로 소풍 갔다 돌아오던 학생과 교사, 학부모가 참변을 당했다. (2020년 2월)

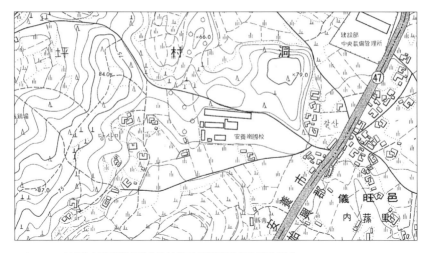

도판 11   1986년 지도에 나타난 당시 경기 안양시 평촌동 벌말 일대

나루터에서 배가 침몰해 다수의 사상자가 발생한 사건 때문에 전국적으로 추모의 대상이 되기도 한 곳입니다.

국토지리정보원에서 제공하는 1986년 안양시 평촌동 지도를 보니, 제가 살던 주택은 47번 국도에서 안양남국민학교 뒷길을 따라 안쪽으로 더 들어가면 나오는 당산미마을의 서북쪽 끝에 그려져 있었습니다. 아마도 평촌의 전통 마을인 당산미마을 외곽에 새로 들어선 공동주택이었을 것입니다. 학교에서 집으로 오던 길에 본 무덤들도 지도에 또렷이 표시되어 있었지요.

당산미마을은 평촌 신도시 개발 초기까지도 예전 모습을 남기고 있다가 지금은 '자유공원'이라는 이름으로 녹지화되었습니다. 평촌 신도시를 개발하기 전에 이 일대에서 발굴된 고인돌 13기 가운데 5기가 자유공원으로 옮겨져 야외 전시되고 있지요. 제가 살던 주택은 현재 자유공원 동북쪽 끄트머리의 언덕 근처에 있었을 것입니다.

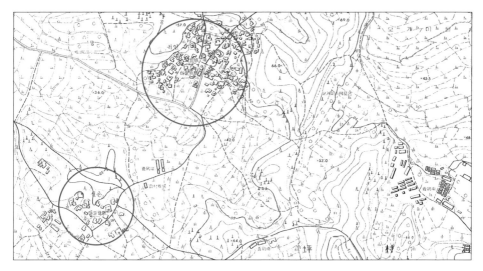

도판 12　　　1986년 지도에 나타난 신촌마을과 귀인마을

고속도로가 된 내 친구의 집

평촌동 나의 집을 지나면 벌판이 나타났고, 벌판 너머로는 신촌마을과 귀인마을이라는 오래된 자연 마을이 있었습니다. 신촌마을과 귀인마을은 지금도 '신촌동'이라는 행정동 이름과 '귀인공원', '귀인중학교' 등의 시설명으로 그 흔적을 남기고 있습니다. 지도 애플리케이션의 위성사진으로 이 지역을 보면, 네모반듯한 주변과 달리 신촌마을과 귀인마을이 있던 곳에서는 구불구불한 블록이 확인됩니다.

신촌마을이 이런 모습을 남긴 것은, 서울 강남구의 대치동 구마을이나 국기원 주변 마을처럼 언덕 위에 자리하다 보니 신도시 개발 때 제외되었기 때문으로 보입니다. 그래서 신촌마을에는 수령이 200년쯤 되는 느티나무가 남게 되었지요. 마을 제사를 지내던 당나무였을 이 나무는 꽤 높은 언덕 위에서 마을을 내려보고 있어, 개발 전 평촌 지역이 어떤 모습이었을지를 상상하게 해 줍니다. 신도시가 개발되었지만, 제가 살던 주택 주변이나 신촌마을의 '지형'은 근본적으로 바뀌지 않았습니다. 도시의 본질을 이해하려면 지형을 파악하는 일이 필수임을 새삼 확인합니다.

한편 귀인마을은 신촌마을보다는 지대가 높지 않지만, 주민들이 신도시 개발에 반대했기 때문에 옛 모습을 남길 수 있었습니다. 신도시 개발 당시 귀인마을 주민들은 한국토지개발공사(오늘날 한국토지주택공사)가 마을 땅을 강제로 수용하면, 제대로 보상금을 받지 못하고 자신들의 고향에 재정착하는 길이 막힌다는 주장을 폈습니다. 강제수용 대신, 현지 주민들이 재정착할 가능성이 큰 토지구획정리사업으로 지역을 자체 개발하겠다는 것이었지요.

《동아일보》1986년 4월 11일 자 기사 「안양 평촌 택지 공영 개발 주민들 반대」에는, 이곳에 6대째 살고 있던 예순네 살 김정환 씨의 "경주 김씨와 온양 정씨가 집성촌을 이루고 있는 이 마을이 공영 개발 방식으로 개발된다면 응분의 보상을 받지 못해 대대로 살아온 고향 땅을 제대로 보상도 못 받고 떠날 수밖에 없어 주민들이 걱정하고 있다."라는 발언이 실려 있습니다. 김정환 씨는 귀인마을이 경주 김씨와 온양 정씨의 집성촌이라고 말했습니다. 실제로 귀인향우회가 1996년 귀인공원에 세운 망향비의 뒷면에는 돌림자를 공유하는 김씨와 정씨가 많이 보입니다. 비석 앞면에 적힌 내용은 다음과 같습니다.

귀인마을은 조선 시대 신분이나 지위가 높은 사람들이 서울로 과거를 보러 갈 때 이 마을에 들러 머물다 갔다고 하여 귀인(貴仁)이란 지명이 붙여졌다고 한다. 조선조 정조 때(1789) 전국의 인구조사를 실시

하여 그 내용을 편찬한 『호구 총수』에 의하면 귀인이 안양에서 인구가 가장 많아 귀인1동·귀인2동으로 분동해 안양에서는 가장 번창했던 마을이었다. 일제강점기에는 이곳에 '귀인강습소'가 있었다가 광복 직후 학생의 감소와 재정난 등의 이유로 문을 닫았다. 그 후 70여 호의 대촌인 귀인마을은 평촌 신도시 개발 구역 내에 존치되는 마을 중의 하나로 1990년 4월에는 마을 뒷산에서 지석묘가 발굴되기도 했다.

앞선 기사에서 귀인마을의 마흔세 살 정영승 씨는 "이 지역을 토지수용 방식으로 개발한다면 주민의 기득권을 도시 중산층에게 내주는 결과가 돼 버"린다고 말합니다. '농민의 땅을 빼앗아 도시 중산층에게 주는 신도시 개발에 반대한다'는 주장은 경기도 고양시 일산 지역을 비롯한 당시 1기 신도시 예정지에서 일반적으로 제기된 것입니다.

제 친구가 할아버지와 단둘이 살던 비닐하우스 겸 개 목장은 당산미마을과 신촌마을, 귀인마을 중간의 벌판에 자리했습니다. 1986년 지도에서 벌판에 띄엄띄엄 보이는 네모난 기호들 가운데 하나였을 터입니다. 《조선일보》 1990년 3월 28일 자 「무허가 비닐하우스촌 화재로 천3백 평 전소」에는 당시 귀인마을에 70동 규모의 무허가 비닐하우스촌이 있었다는 내용이 보입니다. 제 친구의 집은 귀인마을 외곽의 대규모 비닐하우스촌에서도 더 바깥쪽의 벌판에 있었던 것 같습니다. 아마 오늘날 자유공원 사거리의 어디쯤, 수도권제1순환고속도로의 평촌 고가교 아래쯤이었을 것입니다. 제 친구의 집은 고속도로가 되었습니다.

저는 제 친구가 살던 비닐하우스를 '집'이라고 말했습니다. 요즘 정치권과 언론 등 여론 주도 집단에서는 '집'이라 하면 '아파트', 그중에서도

'고층 아파트 단지'라는 인식을 보입니다. 하지만 고속도로 밑으로 사라진 내 친구의 비닐하우스도 '집'이었습니다.

내 친구는 사회학에서 말하는 '비주택 거주자', 즉 비닐하우스나 판자촌처럼 일반적 형태의 집이 아닌 곳에 거주하는 시민이었습니다. 언젠가 친구는 제게 '딸기 치약을 먹었더니 과자 같아서 맛있다'는 이야기를 해 줬습니다. 또 어느 날은 '학교 다녀왔더니 집이 이사를 가 버려서 새로 이사한 곳을 찾는 데 한참 걸렸다'는 말도 했지요. 그때는 저도 어렸기 때문에 이런 이야기를 듣고는 어떻게 반응해야 할지 몰라서 그저 기억 속에 봉인해 버렸던 것 같습니다. 하지만 도시 답사를 시작하면서, 신도시가 개발되기 전 비닐하우스에 산 내 친구가 자꾸만 떠오릅니다.

내 친구는 아마, 신도시가 개발되면서 평촌을 떠나야 했을 것입니다. 안양과 의왕이라는 두 행정구역의 경계에 집중된 특수 시설, 신도시 개발로 쫓겨나는 비주택 거주자. 제가 주목하는 갈등 도시의 양상을 신도시 개발 전의 평촌동에서 모두 확인할 수 있었습니다. 도시의 중심이 아닌 경계, 왕과 왕족이 아닌 평민의 삶에 제가 관심을 두게 된 출발점은 열두 살이던 1987년, 아직 신도시가 아니던 안양시 평촌동 벌말이었음을 깨닫습니다.

04

부산 문현동 벽화 마을

: 레트로 감성과 붓질이 지나간 자리

문현동 산 23-1번지

이 장에서 답사할 곳은 '부산 최초의 벽화 마을'로 불리던 부산 남구 문현동 산 23-1번지 일대입니다. 산비탈에 조성된 공동묘지에 철거민과 빈민들이 살게 되면서 마을을 이룬 곳이었지요. 그러다가 부산시가 공공 미술 프로젝트의 대상지로 이곳을 선정하면서 마을 여기저기에 벽화가 그려졌고, 2008년에는 '대한민국 공공 디자인 대상' 주거 환경 부문 최우 수상을 받았습니다.

문현동 산 23-1번지 일대에 벽화가 그려진 초기에는 "벽화를 매개로 한 외지인과의 사회적 연대는 이들의 자존감을 어느 정도 회복해 주었을 뿐만 아니라, 이들의 삶이 정상화되는 데 이바지했다."(조관연 「'마을 가꾸기 사업'과 부산 안동네마을의 변화」)라는 좋은 평가를 받기도 했습니다. 네이버

지도에 '문현동 안동네 벽화 마을'이라는 지명이 등록되어, 그곳을 방문한 사람들의 리뷰도 많이 올라왔고 평점 또한 높았지요.

이 마을은 1950~1960년대에 형성된 것으로 보입니다. 광복과 함께 해외에 거주하던 한국인들이 대거 부산항을 통해 귀국했고, 6·25전쟁 때 인민군의 공격을 피해서 한반도 전역의 주민들이 부산으로 피란 왔습니다. 부산에 가 본 분들은 아시겠지만, 특히 부산항 일대는 바다와 높은 산 사이에 평지가 좁고 길게 이어져 있어 도저히 많은 사람이 살 수 없습니다.

그래서 과거 부산에 정착했던 일본인들은 제일 먼저 부산항 일대의 바다를 메웠고, 이렇게 새로이 생긴 땅에 지금껏 사람들이 살고 있는 곳이 그 유명한 매축지(埋築地)마을입니다. 참고로 부산 동구 좌천동의 매축지마을 대부분은 이미 재건축이 끝났으며 남은 블록들도 재건축이 확정된 상태입니다. 근대 부산의 매립과 매축 역사를 확인하고 싶은 분은 더 늦기 전에 어서 방문해 보시길 권합니다.

기술이 발전하고 자본이 축적된 21세기에야 인천의 송도 국제도시처럼 대규모 매립지를 개발하는 일이 가능해졌지만, 당시 세계 최빈국이던 신생 대한민국의 부산이라는 도시에서는 불가능했습니다. 광복과 전쟁 후 귀국민과 피란민이 급증한 부산에서는 시 당국이 여러 차례에 걸쳐 공격적인 주택 개발 정책을 펼쳤는데, 평지가 거의 없는 부산에서 주택을 짓는다는 것은 결국 산기슭에 집을 세우고 길을 닦아 마을을 만든다는 뜻이었습니다.

부산시는 1955년부터 1981년 사이에 크게 세 단계에 걸쳐서 주택 개발 정책을 펼칩니다. 먼저 1955~1964년에는 도심의 무허가 판자촌을 부수고 철거민을 도심 외곽으로 강제 이주시켰습니다. 부산 남구 문현동 산

23-1번지 일대의 마을은 바로 이때 형성된 것으로 보입니다. 그 뒤 경제적으로 조금 여유가 생긴 1965~1972년에는 무허가 판자촌을 무조건 부수고 사람들을 쫓아내는 것이 아니라, 시 당국이 '정책 이주지'라는 곳을 미리 개발한 다음 철거민을 이주시키는 방법을 택했습니다. 마지막으로 1973~1981년에는 연립주택 및 시영·주공 임대 아파트를 건설해서 철거민을 이주시켰습니다(김성태 「실향민 정착지로서의 부산 구릉지 주거 경관」).

그 과정을 거치며 부산의 산은 중턱까지 집이 가득 들어찼고, 산허리에 놓인 산복 도로에서 바라보이는 이들 주택과 항구가 부산 바닷가의 특유한 경관을 만들게 됩니다. 저는 이러한 부산 특유의 경관을 확인하기 위해 문현동 산 23-1번지 마을에 가 보기로 했습니다. 그런데 지도 애플리케이션의 위성사진에서 '문현동 안동네 벽화 마을'이라는 글자와 '문현 2구역 주거 환경 개선 사업(예정)'이라는 글자가 동시에 보이는 점이 신경 쓰였습니다. 이 마을이 여전히 벽화 마을로서 기능하고 있는지, 아니면 철거가 시작되었는지 제 눈으로 확인하고 싶었지요.

약탈당한 마을

제가 사용하는 답사 방법 가운데 하나는, 지도 애플리케이션의 위성사진으로 지역을 찬찬히 살피다가 산동네로 보이는 곳이 확인되면 현지를 찾아가 직접 기록하는 것입니다. 도심에서 밀려난 사람들이 재정착한 산동네에는 그 도시의 옛 모습, 제가 말하는 도시 화석이 많이 남아 있기 때문입니다.

산동네를 납사할 때는 버스 종점이나 등산로 초입 정류장에 내려서 내리막길을 따라 마을을 살피고, 산의 능선을 따라서 다음의 산동네로 걸어갑니다. 오르막길을 걷기란 너무 힘들고, 서울을 비롯해 충청도와 강원도 등 산이 많은 지역의 도시들에서는 버스 종점이나 등산로 초입 정류장이 대체로 산동네의 거의 위쪽 끝부분에 자리하기 때문에 이 방법을 쓰면 체력적 손실을 줄일 수 있습니다.

그런데 부산역을 크게 둘러싼 황령산, 수정산, 구봉산, 아미산, 천마산 등의 기슭에 자리한 산동네들을 당일치기로 답사하면서 이런 제 방법의 한계가 드러났습니다. 부산에는 산동네의 버스 종점에서 내린 뒤에도 한참을 더 걸어 올라가야 마을 끝에 다다르거나, 아예 마을버스가 진입할 수조차 없는 좁은 골목으로 이뤄진 산동네가 많았거든요. 이런 줄도 모르고 다른 지역의 도시들에서 하던 방식으로 부산 산동네를 답사하다가 그만 탈진해 버렸습니다. 한국 여타 도시들의 산동네와는 차원이 다른 난도였지요.

통일교(세계평화통일가정연합) 발상지인 부산 동구 범일동과 부산진구 범천동의 안창마을에서 택시를 타고 태극도 신앙촌인 사하구 감천동의 감천문화마을로 가다가 기사분에게 이런 이야기를 했더니, 다음과 같은 답변이 돌아왔습니다. "다른 도시에서 저렇게 높은 곳에 마을을 만들면 겨울에 도로가 얼어붙어 사람이 못 살 겁니다. 부산에는 눈이 안 내려서 저렇게 산 중턱에까지 마을이 생겼고, 인구가 늘어 대도시가 되었지요." 전쟁과 기후가 부산을 한국 제2의 도시로 만들었다는 말입니다.

부산 남구 문현동의 산 23-1번지 마을로 접근하려면 버스를 타고서 마을 동쪽의 황령산 중턱 '전포고개' 정류장에 내리는 방법, 마을 남쪽의

도판 1   '부산마케팅고등학교' 버스 정류장에 내려 마주한 풍경 (2020년 7월)

'문현초등학교' 정류장에 내려 산을 오르는 방법, 마을 서쪽의 전포돌산 공원 근처 '부산마케팅고등학교' 정류장에 내려 산을 넘는 방법 가운데 하나를 택해야 합니다. 저는 마지막 방법인 마을 서쪽에서 버스를 내려 산 너머 문현동 산 23-1번지 마을의 꼭대기로 접근하는 길을 골랐습니다.

버스에서 내리자 철거 직전의 마을이 눈앞에 펼쳐졌습니다. 목표했던 남구 문현동이 아닌, 전포돌산공원 서쪽에 자리한 부산진구 전포동의 재건축 지역이었지요. 현재 한국 어디를 가도 재개발과 재건축 사업이 한창입니다. 심지어 코로나19가 확산하던 와중에도 전국 곳곳에서 재건축 조합원들이 총회를 열고 '용역'들은 건물을 부수며 철거민을 밀어냈습니다. 지도상으로는 아무런 표식이 없었지만, 이곳 전포동 역시 재건축 사업이 진행 중이었던 것입니다.

도판 2　　'철거'라는 글자가 선명했던 부산 부산진구 전포동의 재건축 지역 (2020년 7월)

　이런 마을은 우연히 마주친 바로 그때 답사하지 않으면, 다음에 갔을 때는 이미 허허벌판으로 바뀌어 있는 경우가 대부분입니다. 그래서 저는 곳곳에 '철거'라는 거친 빨간 페인트 글자가 선명히 적힌 골목을 걸으며, 간혹 만나는 주민분들에게 깊숙이 고개 숙여 인사하며 급히 전포동 마을을 돌아봤습니다. 이후 가파른 산길을 15분쯤 걸어 오르자 전포돌산공원과 황령산을 잇는 능선이 나타났습니다. 부산진구 진남로283번길과 남구 돌산길이 만나는, 속칭 '문현동 안동네 벽화 마을'의 최정상 지점에 다다른 것입니다. 남쪽으로 뻗어 있는 깊은 골짜기에는 단독주택부터 고층 아파트까지, 현대 한국의 거의 모든 건물 형태가 뒤섞여 있었습니다.

　길 중간에는 2008년에 세워진 벽화 마을 안내판이 있었습니다. 그러나 안내판의 코팅을 누군가가 뜯어 버렸는지 거의 알아볼 수 없는 상태였지요. 이 길에서 영업했을 '레트로 감성 돋는' 몇몇 가게도 폐업한 지 오래

도판 3 　부산 남구 돌산3길 초입에서 만난 벽화와 '끝장 투쟁 사무소' (2020년 7월)

였습니다. 산 능선에서 문현동 벽화 마을로 내려가는 돌산3길 초입에는, 벽화 거리가 시작된다는 그림과 나란히 '돌산마을 생존권 투쟁 협의회 / 끝장 투쟁 사무소'가 자리했습니다.

수풀이 무성하게 우거져서, 과연 아직도 길로서 기능하고 있는 것인지 의심스러운 돌산3길. 하지만 조금 내려가니 경로당이 나오고, 2020년 2월 26일 부산광역시 남구청장 명의로 작성된 코로나19 확산 관련 안내문이 출입구에 붙어 있었습니다. 이 마을이, 이 길이 2020년 초까지도 기능하고 있었다는 증거입니다.

벽화 마을 경로당을 지나 '타이거 모기'라고도 불리는 산 모기에 뜯기지 않기 위해 손을 연신 휘저으면서 돌산3길을 계속 걸어 내려갔습니다. 길 중간, 아니 수풀 중간에 서 있던 집의 담벼락에는 '빨랫줄에 빨래를 널어놓은 벽화'가 그려져 있었지요. 2015년에 어떤 작가분이 이곳 문현동

도판 4   부산 남구 문현동 벽화 마을의 빨랫줄 벽화 (2020년 7월)

도판 5   부산 남구 문현동 벽화 마을의 길 (2020년 7월)

도판 6   벽화 마을에서 내려다본 부산 남구 문현동 일대 (2020년 7월)

벽화 마을에 관해 쓴 글을 떠올리게 하는 그림이었습니다. 그 글을 쓴 분을 비판할 의도가 아니므로 지은이와 글 제목은 익명으로 남깁니다.

> 햇살 아래 주민들의 빨랫감이 보송보송 말라 가고 있다. 사람이 있어서, 그리고 그들 사이 공감대가 형성되는 벽화가 있기에, 문현동 안 동네는 밝고 따뜻하다. (⋯) 그곳에서 몸과 마음이 즐거운 사람들이 있는 한, 마을의 미래는 보다 오래갈 것이라고 기대해 본다.

빨랫줄 벽화에는 빨간 페인트로 'X' 자가 쳐져 있었습니다. 주민의 퇴거가 완료되었다는 철거 용역의 표식으로, 벽화에 대한 그들의 냉소가 느껴졌습니다. 공공 기관에서 벽화 사업을 일으키고, 예술가들이 벽화를 그리고, 여유 있는 사람들이 마을 골목을 찾아와 레트로 감성을 충전해도 결국 철거의 대상일 뿐이라는.

벽화 사업을 벌이고 레트로 감성을 즐긴다는 것은, 수십 년 동안 마을 사람들이 쌓아 온 시간을 약탈하는 행위입니다. 물론 레트로 감성을 즐기는 것은 좋습니다. 다만 즐긴 만큼 마을 사람들에 대해 책임 의식을 느끼면 좋겠습니다. 재건축·재개발을 반대하거나, 토지주가 아닌 세입자들의 재정착에 물질적 도움을 줄 수도 있을 것입니다. 최소한, 벽화 사업을 해서 마을을 재생하려 했지만 실패했다는 '미안하다'는 마음을 전할 수도 있겠습니다. 이 마을을 이용해서 근무평정을 좋게 받고, 정부 지원금을 타고, 봉사 활동 점수를 채우고, 레트로 감성을 충전한 사람들은 이곳에 다시 와 본 적이 있을까요?

저는 이 글을 재건축·재개발에 반대하려고 쓴 것이 아닙니다. 재건축과 재개발은 필요하고, 동시에 토지주나 건물주가 아닌 세입자에 대한 대책도 마련되어야 합니다.

덧붙여 관광객들은 마을 사람들이 수십 년 동안 살아온 곳에 함부로 들어가 레트로 감성 찾지 말며, 벽화 사업을 일으키고 수행해 온 사람들은 더는 자신들의 목적을 위해 마을 사람들의 공간을 약탈하지 말아야 합니다. 제가 이 글을 통해 말하고 싶었던 바는 이것입니다.

05

신종교
: 대서울 외곽의 '전도관' 풍경

코로나19로 부각된 신천지 거점

2019년에서 2020년으로 넘어가는 시기에 발생한 코로나19는 세계 여러 나라가 품고 있던 사회문제를 뜻하지 않게 드러냈습니다. 그동안 도입이 지지부진하던 재택근무와 원격 회의 및 진료가 일거에 활성화된 것이 긍정적인 측면이라면, 마스크를 배포하며 정규직과 비정규직을 구분하고 재난 지원금을 주면서 한국 시민과 외국인 노동자를 구별하는 등 한국 사회가 품고 있던 뿌리 깊은 인종차별적 성격을 눈에 보이는 형태로 폭로한 것은 부정적 측면이지요.

또 한 가지 빼놓을 수 없는 것이 신천지예수교 증거장막성전(신천지)이라는 종교 집단의 존재가 주목받았다는 점입니다. 코로나19 확산 초기에 신천지 신도들 가운데 일부가 '코로나19 바이러스 슈퍼 전파자'라는 이야기가 나왔고(《데일리메디》 2020년 2월 23일 자 「메르스·코로나19 '수퍼 선파자' 공통점과 차이점」 등), 1970~1980년대 공업 도시 외곽에 세워진 직장 여성 전용 아파트 가운데 일부에는 신천지 신도가 다수 거주한다는 사실도 드러났습니다(《뉴스민》 2020년 3월 11일 자 「대구 한마음아파트의 오해와 진실」).

특히 직장 여성 전용 아파트의 사례를 두고서는 초기에 음모론적 주장도 제기되었으나 '저소득층 여성의 생활 안정을 꾀한다'는 직장 여성 전용 아파트의 설립 목표와 '저소득층 시민 가운데 기존의 기독교에서 포용하지 못한 일부가 신천지에 귀의했다'는 사회학적인 특성이 결합한 것임이 이후의 논의를 통해서 드러났습니다. '신종교'(new religious movement) 신도들 가운데 일부는, 기존의 사회질서와 기성종교에서 밀려난 끝에 그 외곽에 존재하는 신종교에서 신앙적 활로를 모색하는 것으로 보입니다(방영미 「신천지에 유혹당하는 이유」).

한편 현대 한국의 신종교에 관심을 두고 있는 저로서는, 수도권 전철 4호선 과천정부청사역 주변에 신천지 관련 시설이 집중적으로 분포한다는 사실이 한국 사회에 뒤늦게 알려지게 된 것이 무척 흥미로웠습니다(《한겨레21》 2013년 3월 2일 자 「하느님 20명, 재림 예수 50명」). 대다수 종교가 그렇듯, 현대 한국의 신종교도 각자의 성지를 설정하고 있습니다. 여기서 주목해 다룰 '감람나무 박 장로' 박태선 씨(이 장에 등장하는 인물의 호칭은 '씨'로 통일)의 전도관(천부교)은 옛 한양·경성의 서남부 외곽 지역인 마포, 대서울 남쪽 바깥인 경기도 부천군 소사읍 범박리(오늘날 부천시 범박동)를 개창 초기에 성지로 설정했지요. 문선명 씨의 통일교는 대서울의 동쪽 외곽인 경기도 남양주군 구리읍 수택리(오늘날 구리시 수택동)에 수련원과 일화 공장을 건설하는 등 이 일대를 주요한 성지로 설정했습니다.

　　그런가 하면 신천지는 식민지 시기 경성의 남쪽 외곽 지역인 오늘날 서울 동작구 상도동에서 시작된 호생기도원에 발단을 두고 현대 서울의 남쪽 외곽인 경기도 시흥군 과천면 막계리(오늘날 과천시 막계동)에서 활동한 유재열 씨의 '장막성전'을 직접적 기원으로 삼습니다. 장막성전과 마찬가지로 과천을 성지로 설정하는 한편, 전도관과 통일교 계통의 신도와 교리를 흡수해서 지금의 형태를 갖췄다고 지적됩니다(《현대종교》 편집국 『자칭 한국의 재림주들』).

　　이처럼 신천지는 현대 한국에서 탄생한 기독교 계통의 여러 신종교를 집대성한 존재라고 평가할 수 있습니다. 그들이 대서울 외곽 지역인 과천에 강한 애착을 지니는 것은 전도관, 통일교, 장막성전 등의 기독교계 신종교가 보여 준 '경성·서울 외곽 지향성'을 확인하는 최근 사례로서 흥미롭습니다.

도판 2   《동아일보》 1975년 4월 3일 자 「신흥종교 단체 '장막성전교회' 수사」의 사진.
경기 시흥군 과천면 막계리의 대한기독교 장막성전교회 모습이다.

　무신론자인 저는 이 글에서 신천지가 기존 종교들과 이어 오고 있는
갈등 관계에 천착하거나, 그 활동에 대해 어떠한 가치판단도 내리지 않을
것입니다. 반복해서 말하지만 제가 '코로나19 유행과 신천지의 관계'에
관심을 두게 된 것은 신천지로 대표되는 현대 한국의 기독교계 신종교 신
도 가운데 일부가 한국 사회의 '주변부'에 자리 잡고 있다는 사실과, 이들
신종교 가운데 일부가 식민지 시기 경성 또는 현대 서울의 '외곽'을 성지
로 삼았다는 사실 때문입니다.

　따라서 그러한 현상을 현대 한국에서 가장 먼저, 가장 시각적으로 강
렬하게 표현한 박태선 씨의 전도관을 검토함으로써 '코로나19와 신종교,
대서울 외곽 지역의 관계'를 이해할 힌트를 제공하려고 합니다. 이는 종
교와 무관하게, 현대 한국 역사를 더 깊이 이해하기 위해서입니다.

부천 대장동의 옛 전도관 건물

2019년에 3기 신도시 예정지로 발표된, 김포공항 서남쪽의 경기도 부천시 대장동 일대는 부평 분지의 20세기 초 모습을 간직한 역사적인 공간입니다. 지금은 폐교된 부천덕산초등학교 대장분교장 앞으로는 조선시대에 부평 분지 일대를 통치한 부평 도호부 관아로 가던 길이 남아 있습니다.

봄철마다 개나리가 터널을 이루는 이 아름다운 길을 따라 걷다 보면 1920년대에 부평 분지를 농경지로 개량하기 위해 건설한 동부 간선수로 위로 미군이 놓은 다리가 나오고, 그 다리 너머로는 해방 후 미국에서 도입된 4-H 운동 비석이 모습을 드러냅니다. 농촌계몽의 상징이자 마을 입구의 표식인 4-H 운동 비석을 지나서 계속 옛길을 따라 걷다 보면 프로테스탄트 교회와 새마을운동 로고가 눈에 들어오지요. 4-H 운동, 프로테스탄트, 새마을운동. 이 세 가지는 현대 한국을 상징하는 정신적 동력들이었습니다.

그런데 4-H 운동 비석에서 옛길을 벗어나 북쪽으로 조금만 걸어가면 독특한 외관의 회색 건물이 나타납니다. 중세 유럽의 성을 본떠 만든 파사드(façade, 정면부) 타워 삼면에 커다란 십자가가 새겨져 있고, 직사각형의 중앙 회랑 양면에 기둥과 창이 장식된 단정한 형태의 이 건물은 현대한국의 한때를 풍미한 '감람나무 박 장로' 박태선 씨가 창시한 한국예수교전도관부흥협회(1980년부터는 한국천부교전도관부흥협회)라는 신종교의 종교 시설 '전도관' 건물입니다. 이 건물은 제가 답사할 당시에는 고물상에서 사용 중이었으며, 답사 뒤 얼마 지나지 않아 철거되었습니다.

도판 3   경기 부천시 대장동의 옛 전도관 건물 (2020년 2월)

전도관 건물과 현대 한국 도시

뒤에서 상세히 설명하겠지만 1980년에 박태선 씨가 자신을 스스로 '하나님'이라고 선언하면서 전도관 건물은 큰 변화를 겪었습니다. 파사드 타워 삼면의 십자가를 수직 창으로 바꾸거나 메웠고, 타워 꼭대기에 설치되어 있던 십자가를 올리브 가지에 앉은 비둘기로 교체했지요.

또 한국천부교 서대문교회 입구 오른쪽의 머릿돌("머릿돌 / ○○ 1969. 11. 11.")에는 두 글자를 지운 흔적이 나타나는데, 이는 1969년 건물 준공 당시 '주후'(主後)라고 새긴 글씨를 1980년 박태선 씨의 하나님 선언 뒤에 메운 것으로 추정됩니다. 박 씨가 '하나님'인 이상, 예수를 '주'라고 부르는 것은 논리에 맞지 않았을 테지요. 그런가 하면 1957년 전도관에 다니기 시작했다가 1973년에 전도관을 떠나 '에덴성회'를 세운 이영수 씨는 서울

도판 4 강원 화천군 사내면 사창리의 한국천부교 사창교회 (2018년 7월)

동대문구 용두동의 옛 서울대학교 사범대학 땅 일부를 사서 한국기독교
에덴성회 서울중부교회를 세웠는데, 이 건물 머릿돌에는 "머릿돌 / 주후
1976년 11월 5일 / 착공"이라고 새겨져 있습니다. 예수를 '주'로 인정한다
는 것입니다.

　한국천부교 서대문교회와 한국기독교에덴성회 서울중부교회의 머릿
돌을 비교함으로써 두 종교 또는 종파가 예수에 대해 어떤 견해를 취했고
그 생각에 어떠한 변화가 있었는지 짐작할 수 있습니다. 머릿돌은 단순히
건물의 건축 연도를 표기하는 물건이 아님을 이로써 알 수 있지요.

　오늘날 천부교가 소유해 사용 중인 종교 시설의 모양은 1955년 개교
(開敎) 당시의 원형과 달라졌지만, 1980년을 전후로 매각된 전도관 건물

들 가운데는 원형이 남아 있는 것이 존재합니다. 그중 대표적인 것이 충청남도 서천군 판교면 현암리의 옛 판교전도관 건물입니다.

경기도 부천시 대장동의 전도관과 거의 같은 크기로 지어진 판교전도관 전면부에는 십자가(수직 창) 아래에 "한국예수교 / 판교전도관"이라는 글씨가 선명히 새겨져 있어서, 원래 대장동 전도관 건물 전면에도 이와 마찬가지의 글자가 존재했으리라는 추정을 가능케 합니다. 판교전도관 건물의 파사드 타워 바닥 면에 새겨진 "1967. 11. 1. 준공"이라는 글씨는, 전도관-천부교 건물의 건축 연대를 추정하는 절대연대로서 활용할 수 있습니다.

도판 7   머릿돌 역할을 하는 판교전도관 전면부의 기단 (2019년 10월)

도판 8   인천 미추홀구 숭의동의 옛 전도관 (2020년 3월)

제가 확인한 가장 오래된 전도관-천부교 건물은 "1957년 10월 8일 /
정초"라고 새겨진 머릿돌이 건물 전면 왼쪽 모퉁이에 자리한 인천 미추
홀구 숭의동의 옛 전도관입니다. 한편 경기도 가평군 청평면 상천리에 있
는 이영수 씨의 '한국기독교에덴성회 알곡성전'과 지금의 과천시 막계동

서울대공원 자리에 존재하던 유재열 씨의 '대한기독교 장막성전교회'도 천부교의 대장동 전도관, 판교전도관처럼 큰 십자가가 새겨진 중세 유럽 성곽 형태의 파사드 타워를 지니고 있어 이들 신종교 사이의 밀접한 관계를 짐작게 합니다.

전국을 답사하다 보면 네모반듯한 모습의 단정한 전도관 건물을 자주 접합니다. 한때 전국에 수백 개가 있었다고 하는 전도관 건물은, 현대 한국의 한 시기에 특징적인 경관을 형성했습니다. 특히 대장동 전도관의 사례에서 알 수 있듯 전도관 건물은 주요 도시 외곽에 자리하여, 1955년 이래로 '프로테스탄트'로 상징되는 기성 질서와 대립해 온 이 종교의 세계관을 드러냅니다. 도시 외곽을 지향하는 전도관의 성향이 극대화한 것이 바로 1957년 11월부터 서울과 경기도 부천시·광명시의 경계 지역 황무지에 건설된 '소사 신앙촌'입니다.

그리고 제가 확인한 적잖은 수의 전도관 건물은 단순히 도시 외곽이 아니라, 외곽 지역의 언덕 위에 자리 잡아서 도시를 내려보는 형상을 취합니다. 예를 들어 1956년 7월에서 1967년 4월 사이에 건설된 이만제단(서울중앙전도관)은 서울 용산구 청암동의 전차 종점 옆 언덕 위에 자리했습니다. 전차 종점이라는 도시 외곽에서 구도심을 내려다보는 형상이었던 것입니다. 인천 미추홀구 숭의동의 전도관 건물은 구도심의 외곽인 쇠뿔고개 위에서 주변을 내려보는 형세였으며, 충청남도 서천군 판교면 현암리의 판교전도관 건물 역시 장항선 옛 판교역 역전 마을 외곽의 언덕 위에서 도시를 내려다보고 있었습니다. 그런가 하면 경기도 파주시 금촌동 금촌통일시장 외곽에 자리한 동남쪽 언덕 위에도 전도관으로 추정되는 건물이 도시를 내려보는 형태로 세워져 있었지요. 『조미아, 지배받지

않는 사람들』(삼천리, 2015)에서 인류학자 제임스 C. 스콧은 '문명의 외곽 지대인 산악에 자리 잡은 집단은 의도적으로 평지에 자리한 집단과 다른 종교와 언어를 택함으로써 스스로를 구분 지으며, 평지에 사는 집단보다 자신들이 더욱 순수하고 우월하다는 태도를 지닌다'고 분석합니다. 현대 한국에서 전도관-천부교 건물은 이러한 산악성·주변성을 가장 잘 보여 주는 존재라고 할 수 있습니다.

　이제까지 전도관-천부교는 프로테스탄트 측, 또는 전도관에서 파생 되거나 이탈한 집단의 관점에서 주로 논해졌습니다. 그러한 경향에서 예 외적인 사례가 종교학자 최중현의 연구입니다. 최중현은 통일교 측 선문 대학교 소속이었지만, 그의 연구에서는 특정 종교나 교파를 절대시하는 태도가 보이지 않지요. "박태선의 천부교는 일시적 사회병리의 한 표현

이라기보다는 현대 한국 사회의 한 부분이자 한국 민간 종교 심리의 한 표출이라고 평가되어야 할 것이다."(최중현 『한국 메시아 운동사 연구 제1권』)라는 문장이 그의 관점을 대변합니다. 한편 종교계 이외에는 지리학 분야에서 논문이 나온 적 있지만(이영택 「종교 취락의 성립과 기능」 등), 현대 한국의 도시 외곽에서 특징적인 경관을 이뤘던 전도관 건물에 대해서는 언급이 거의 없습니다. 물론 천부교 내부의 자료가 공개된다면 한국 곳곳에 현존하는 전도관 건물들의 구체적인 건설 배경을 알 수 있겠으나 "연구자에 대한 경계 의식이 매우 강해 외부의 비신앙인, 특히 연구자들의 경우 출입 자체가 불가능"하며 "외부인의 출입, 특히 연구자들의 한국천부교 연구가 금지되어 있는 한국천부교의 상황"에 비춰 보건대(김종석 『한국 메시아 운동사 연구 제3권』), 이러한 기대는 아마도 이뤄지지 않을 듯합니다.

저는 인천 미추홀구 숭의동의 옛 전도관 건물이 철거되기 전에 그 내부를 답사하고, 당시 이곳을 관리하던 연태성 선생과 인터뷰를 진행했습니다. 전도관-천부교가 세운 건물들 가운데 남아 있는 초기의 대형 건축물은 숭의동 전도관뿐이었음에도 불구하고, 이 건물을 독자적으로 고찰해 사회적 의의를 검토한 연구는 전무합니다. 숭의동 전도관 구역의 재개발에 앞서 문화재 지표 조사 보고서가 나온 바 있으나, 그 보고서에서도 전도관 건물 자체에 대해서는 큰 의의를 부여하지 않았습니다.

> 개항기 알렌 별장이 있었던 자리에 지어진 신흥종교의 대부흥 집회가 열렸던 곳으로 나름대로 근대기(개항기, 한국전쟁 이후 격동기)의 역사적 장소로서의 의미가 있으나, 현재 알렌 별장의 흔적이 남아 있지 않고, 전도관 건물 역시 건축사적으로 보존할 가치는 매우 떨어진다.
>
> ― 「인천 전도관 구역 주택 재개발 부지 문화재 지표 조사 보고서」, 2009. 7.

전도관-천부교의 연혁

'전도관' 건물들을 이해하려면 이들 건물을 세운 신종교 자체의 내력을 파악해야 합니다. 전도관-천부교의 성립 및 전개 과정을 검토하는 것은 이 글의 목적이 아니므로, 여기서는 전도관 건물을 이해하는 데 필요한 사항만을 정리했습니다.

박태선 씨는 1917년 평안남도 덕천에서 출생했습니다. 이후 그는 일본으로 건너가 고등공업학교를 졸업한 뒤 정밀기계 공장을 경영했지요.

1944년 일본에서 귀국한 그는 해방 후 기계 부속품을 만드는 공장을 운영했습니다. 6·25전쟁이 끝난 뒤에는 서울 용산구 원효로3가 52번지에 대한정밀기계공업사를 차렸지요. 1954년 12월, 박 씨는 장로교 장로로 안수받습니다. 그리고 이듬해 3월 28일부터 4월 6일까지 서울 남산에서 부흥 집회를 엽니다. 이때부터 그는 기성 프로테스탄트 교단을 비판하며, 5만 명을 수용할 전도관을 짓자고 주장합니다.

1955년 12월 24일 또는 25일, 박 씨는 자신의 공장 땅에 2,500명을 수용할 수 있는 구제단(舊祭壇)을 짓습니다. 이어서 그는 1956년 1월 3일에 한국예수교전도관부흥협회를 발족하지요. 1956년 7월부터 1954년 4월에는 서울 용산구 청암동 전차 종점 옆 언덕에 이만제단을 건설합니다. 그리고 1956년 12월 28일에는 당시 경기도 인천시 남구 숭의동 언덕에 전도관 건물을 준공하지요. 흔히 말하는 '인천전도관'은 이때 지은 숭의동 전도관입니다. 2017년 7월 19일 자 인천영상위원회 뉴스레터 「No. 40 Behind the scene: 전도관」 등에 공개된 사진에는 파사드 타워 삼면에 대형 십자가가 새겨져 있고 현지답사에서도 십자가 아래쪽 부분이 남아 있음을 확인했지만, 천부교 측에서 공개한 숭의동 전도관 사진에는 십자가가 보이지 않습니다(《신앙신보》 2006년 2월 22일 자 「인천전도관 개관 집회」 등).

한편 1957년 11월 1일 경기도 부천군 소사읍 범박리·소사리·괴안리, 소래면 계수리 일원에 토지 15만 평을 매입한 박태선 씨의 전도관 측은 집단 거주 시설을 건설하고 12월 말쯤부터 입주를 시작합니다. 이것이 '소사 신앙촌', '제1신앙촌'이지요. 1962년 7월 21일에는 경기도 양주군 와부면(현재 남양주시 와부읍) 덕소리에 '덕소 신앙촌', '제2신앙촌'을 착공합니다. 소사 신앙촌이 생활용품 및 악기 등을 생산하는 경공업 위주였다면

덕소 신앙촌은 철강 등의 중공업을 지향했습니다. 이즈음부터 박정희 대통령이 신앙촌의 공업 지향 정책에 관심을 보였다고 전해집니다.

1965년 5월 13일에는 서울 용산구 원효로3가 1-66번지에 또다시 전도관 건물이 준공됩니다. 현재 한영숙검도관이 입주한 건물로, 준공 날짜는 건축물대장에 따른 것입니다. 그런가 하면 1967년 11월 1일에는 충청남도 서천군 판교면 현암리 언덕에 판교전도관이 세워집니다. 판교전도관 건물 기단에는 "1967. 11. 1. 준공"이라고 새겨져 있지요.

2년 뒤인 1969년 11월 11일에는 서울 서대문구 합동에 서대문전도관(오늘날 한국천부교 서대문교회)이 지어집니다. 앞서 살폈듯 이 건물의 머릿돌에는 "머릿돌 / ○○ 1969. 11. 11."이라 새겨져 있습니다. 그리고 1970년 2월 28일 박태선 씨의 전도관은 당시 경상남도 동래군 기장면(현재 부산 기장군 기장읍) 죽성리 일대에 '기장 신앙촌', '제3신앙촌'을 착공하지요.

1974년 11월 20일에는 서울 용산구 용산동2가에 한국예수교 해방촌 전도관이 세워집니다. 그런데 이 건물의 머릿돌에는 "머릿돌 / 주후 1974. 11. 20."이라고 새겨져 있습니다. 지금도 '한국예수교'라는 명판을 내걸고 있는 것으로 보아, 이 종교 시설의 소유주는 현재 천부교와는 관계가 없으리라고 추측됩니다. 그렇다면 1980년의 천부교 교리 변경에 따라 건물 외관에서 프로테스탄트적 요소(십자가)를 제거할 필요가 없었을 것임에도 불구하고, 이 건물의 외관은 오늘날의 천부교 건물 양식과 일치한다는 특이점을 보입니다.

한편 1976년 11월 5일에는 전도관에서 이탈한 이영수 씨가 서울 동대문구 용두동에 한국기독교에덴성회 서울중부교회를 착공합니다. 이 건물의 머릿돌에는 "머릿돌 / 주후 1976년 11월 5일 / 착공"이라고 새겨져 있지요. 오늘날의 천부교 건물 양식과 흡사하지만, 파사드 타워 상단에 올리브 가지와 비둘기 대신 십자가가 서 있는 점이 눈에 띕니다. 해방촌 전도관과 서울중부교회 건물에서 짐작하자면, 늦어도 이 시기에는 현재 의 천부교 건물 형식이 완성되었을 것으로 보입니다.

1980년 5월 23일 또는 24일, 박태선 씨는 전국 전도관 교인을 대상으로 이른바 '하나님 선언'을 발표합니다. 이후 8월 1일에는 기존 한국예수교 전도관부흥협회에서 '한국천부교전도관부흥협회'로 종교 단체의 이름을 바꾸지요. 그 무렵부터 "전도관의 신앙적 정체성 변화와 함께 전국의 전도 관은 매각되기 시작했다고" 합니다(김종석『한국 메시아 운동사 연구 제3권』).

이듬해인 1981년에는 당시 인천 남구 숭의동의 인천전도관 건물이 개 인에게 매각됩니다. "이 당시 한국천부교는 신앙적인 혼돈만이 아니라, 서기 1970년대 말부터 서기 1980년대 초에 걸쳐서 이탈 신도들의 반발과 경제적인 손실을 겪어야 했"으며 "인천 지역의 경우 거의 동마다 하나씩 있던 전도관의 수가 급격히 줄어들었고, 이탈하는 교인들이 점점 늘어나 고 있었"지요(김종석『한국 메시아 운동사 연구 제3권』).

인천전도관에 대한 피란민 2세의 증언

숭의동 전도관은 이만제단에 이어 박태선 씨가 두 번째로 건설한 대 형 전도관 건물이었습니다. 이만제단을 비롯한 초기의 대형 종교 시설이 전부 철거되었고 신앙촌 내부의 종교 시설에 외부인이 접근할 수도 없기 때문에, 숭의동 전도관은 한때 현대 한국의 도시 외곽에서 볼 수 있었던

도판 11   인천 미추홀구 숭의동 전도관 일대의 경관 (2020년 2월)

특징적 경관을 이해할 귀중한 존재였지요. 숭의동 전도관을 포함한 일명 '전도관 구역'은 재개발이 확정된 상태이고 그 일대의 철거도 모두 끝났으므로, 이 전도관 건물의 마지막 관리자였던 연태성 선생의 증언은 매우 귀중합니다. 인터뷰는 2020년 4월 2일에 진행했습니다.

연태성 선생의 부모는 황해도 옹진군 흥미면 마지리에서 출생했으며 6·25전쟁 중 각기 피란선을 타고 충청남도 태안과 서산에 왔다가 만나서 결혼했습니다. 이후 고향으로 돌아가고자 인천 자유공원의 피란민 수용소에 왔고, 귀향이 좌절된 뒤에는 연태성 선생의 부모를 포함하여 일고여덟 가구가 주택을 공동으로 구매해 전도관 건물 철거 전까지 살았지요.

한편 연태성 선생은 1980년에 고등학교를 졸업했으며 이 무렵 전도관에도 출석했습니다.

숭의동 전도관의 파사드 타워는 원래 두 배 더 높이 솟아 있었으며 삼면에 십자가 장식이 뚜렷했다고 합니다. 하지만 1980년에 박태선 씨가 하나님 선언을 한 뒤 십자가를 메웠고, 이후 어느 목사가 탑이 무너지는 꿈을 꿨다면서 파사드 타워를 반 토막 내게 했습니다. 1981년 천부교 측은 숭의동 전도관 건물을 개인에게 매각했으며, 1987년에는 이초석 씨의 한국예루살렘교회(2001년부터는 예수중심교회)가 이 건물에 입주했지요.

한국예루살렘교회 측은 1988년 10월경에 강당을 1층과 2층으로 분리했습니다. 분리되기 전의 실내 모습은《신앙신보》2006년 2월 22일 자「인천전도관 개관 집회」등에서 확인할 수 있지요. 2005년 예수중심교회 인천교회가 인천 서구 가좌동으로 이전한 뒤로 이 건물은 5~6년간 비어 있었고, 2011년 '우각로 문화 마을' 사업 때 잠시 개방되었습니다. 그리고 2016년에 우각로 문화 마을 사업이 종료된 뒤로 유기견 보호소로 사용되다가 2022년 철거됩니다.

인천 미추홀구 숭의동의 옛 전도관 건물은 우리에게 두 가지 과제를 던져 줍니다. 첫 번째, 전도관-천부교의 도시 외곽 지향성이 그 밖의 신흥 종교와 어떻게 같고 다른지를 비교 검토할 필요가 있습니다. 경기도 과천의 청계산을 중심으로 삼은 '호생기도원-장막성전-신천지', 경기도 구리와 가평 등지에 중심을 둔 '통일교', 서울 구로 공단 주변에 자리를 잡은 '성락교회'와 '만민중앙교회', 옛 시흥군·영등포 영역의 외곽인 서울 관악구 봉천동에 산재한 각종 신흥종교, 서울 영동·강남의 남쪽 외곽이던 양재천 변의 '천국복음전도회' 등이 그 대상이 될 수 있습니다.

두 번째, 전국의 옛 전도관 건물에 대한 건축학적 정리가 필요합니다. 전도관이 천부교로 바뀌는 과정에서 많은 전도관 건물이 매각되거나 폐기되었으며, 지금은 천부교 측에서도 이들 건물에 관심을 두지 않는 듯합니다. 그러므로 이제는 종교와 무관하게, 현대 한국 역사의 일부로서 옛 전도관 건물을 다룰 수 있게 되었습니다. 전도관을 비롯한 신흥종교들은 특정 종교 내부에서만 논의될 것이 아니라, 현대 한국 시민들이 겪어 온 사회적 경험으로서 공공연히 이야기될 필요가 있다고 생각합니다.

06

한센인의 현대 한국

: 민주공화국의 피해자들

한센인의 눈으로 바라본 지난 100년

이 장에서는 현대 한국에서 한센병력자, 즉 한센병으로부터 치유된 분들이 어떤 과정으로 정착촌을 형성했고 현재 그 실태는 어떠한지를 소개합니다. 현대 한국의 소수자로서 한센인·한센병력자들이 받은 차별은 한국 사회의 가장 깊숙한 곳에 존재하는 어두운 본질을 드러냅니다. 그리고 이들의 인권이 신장되고, 이들의 삶이 경제적으로 나아져 가는 과정은 한국 사회의 성숙 정도를 보여 줍니다. 우리가 한국 곳곳을 답사하려는 이유가 무엇인지에 대한 근본적 질문을, 이 장을 읽으신 뒤에 스스로 던질 수 있게 되기를 바랍니다.

한센병은 한때 '나병'(癩病)이라 불리기도 했고, 한센병에 걸린 환자는 '문둥이'라는 멸칭으로 불리며 심각한 차별을 당했습니다. 그 단어들이 지닌 차별적 성격을 고려해 현재는 '한센병'과 '힌센인'이라는 용어가 사용됩니다.

저는 《경향신문》 2019년 12월 2일 자 「한센인 수용이 일제의 만행이라면, 해방 후 그들을 학살한 것은 누구인가」에서 한센병과 한센인에 대해 이미 살핀 바 있습니다. 이 가운데 한센병과 한센인 수용 시설을 소개한 부분을 다시 한번 전해 드립니다.

한센병은 인간 사회에 아주 오래전부터 알려졌으며, 최근에 이르기까지 불치병으로 여겨져 환자들이 사회적으로 배척받은 역사를 지닙니다. 1873년 노르웨이의 의학자 게르하르 아르메우에르 한센이 그 원인을 밝힌 이후 현재는 치료할 수 있는 질환이며 발병자 수도 감소 상태이지요. 한반도에도 당연히 오래전부터 한센인은 존재했으나, 양성 한센인들을 수용할 시설을 오지(奧地)에 설치해 이들을 강제로 수용하기 시작한 것은 일본에 의한 식민지 통치 시기였습니다. 일본은 일본 본토와 조선, 타이완 등지에 여러 곳의 한센인 수용소를 설치해 이들을 강제 수용했습니다. 그 시설들 가운데 식민지 조선에 있던 것이 1919년 2월 24일 설립된 소록도의 자혜의원입니다.

현대 한국에서는 소록도의 한센인 수용 시설을 이야기할 때, 흔히 제국 일본의 강압적 통치를 상징하는 존재로서 거론하는 경우가 많습니다. 예를 들어 1935년 건립되어서 현재 등록 문화재 제469호로 지정된 '순천교도소 구 소록도지소'에 대해 문화재청 국가문화유산포털에서는 "일제 강점기 한센병 환자들의 인권유린 현장을 간직하고 있는 교도소 건축으로 건립 당시 원형이 잘 간직되어 역사적·건축사적 가치가 높다."라고 설명합니다. 이곳은 한센인 가운데 범죄를 저지른 이들을 일반인과 똑같은 교도소에 수용할 수 없다고 해서 한센인 수용 시설 안에 따로 설치한 것입니다. 제국 일본 시절, 한센인 수용 시설에는 '의료 형무소'(醫療刑務所) 또는 '중감방'(重監房)이라 불리는 이러한 자체 수형 시설이 다수 설치되었습니다.

칼럼에서 저는, 현대 한국 시민들이 전라남도 고흥군 소록도의 양성 한센인 격리 시설을 '일제의 만행' 증거로서만 언급하는 것은 실체의 절반만을 가리킨다고 지적했습니다. 만약 그 시설이 제국주의 일본의 행태를 보여 주는 데 그치려면 1945년 8월 15일의 광복 이후 폐쇄되었어야 합니다. 하지만 실제로는 광복 후 53년 동안 계속 운영되다가 1998년에야 폐쇄되었습니다. 식민지 시기에 운영된 기간보다, 현대 한국에서 운영한 기간이 더 긴 것입니다.

따라서 이를 '일제의 만행'으로만 설명하는 것은, 같은 한국인이 한국인 한센인들을 차별해 온 역사를 지워 버리는 역사 왜곡입니다. 시 「보리피리」(1953)로 유명한 '한센인 시인' 한하운 선생은 소록도에서 일어난 최대 규모의 학살 사건인 '84인 학살 사건'이 1945년 8월 22일에 발생했음을 지적하며, 「한국 나환자 학살사」라는 글에서 다음과 같이 한국 시민들의 잔혹함을 고발했습니다.

> 일본 통치하에도 한국인 나환자의 살상 사건이 없었던 것이 8·15 해방이 되고 조국이 광복된 땅 위에서 동족에게 나환자는 죄 없이 무참히 학살당하고 있다.
> 이 나라가 법치국가가 무색할 지경이다.
> ― 한하운. 『한하운 전집』, 문학과지성사, 2010: 784쪽.

서는 기회가 있을 때마다 이 글을 소개합니다. 한국 시민들은 이 나라 안에 있던 수많은 문화재가 파괴되고 사람들이 죽어 간 것을 일본, 미국, 중국, 소련(러시아) 등 다른 나라 때문이라며 비난합니다. 하지만 실제로는 한국 시민들이 자행한 파괴와 살해도, 그와 같은 정도로 대규모로 이뤄졌습니다. 이 문제를 직시하고 자아비판을 하는 대신 남 탓만 이어 가는 한, 한국은 진정 성숙한 국가가 될 수 없다고 저는 믿습니다. 제가 한센인 문제에 천착하는 까닭도 이 때문입니다.

외국인이 주도한 한반도 한센병 치료와 요양

지난 100년간 한반도의 한센인 문제를 해결하기 위해 노력한 주체는 한국인 스스로가 아닌, 외국인들이었습니다. 자신들과 겉모습이 다른 한센인을, 한국인 시민들은 배척하고 의사들은 진료를 거부했습니다. 한하운 선생은 한국인 의사들이 진료를 거부해 온 한국인 한센인들의 치료를 외국인 의사와 선교사가 맡고 있던 현실을, 다음과 같이 고발했지요.

> 세계의 나병 권위자인 영국의 요그렌 박사가 1954년에 우리나라에 오셔서 한국의 나병 문제에 대하여 강연을 하였다. 그 가운데 "한국의 나병 환자가 불행하게 된 이유 중의 제일 큰 이유는 한국의 의사가 나병 환자의 치료를 거절한 까닭이 제일 큰 불행을 가져왔다."라고 말씀하셨다.
>
> — 한하운, 『한하운 전집』, 문학과지성사, 2010: 555~556쪽.

5·18민주화운동이 일어난 1980년에 전라남도 나주의 한센병력자 정착촌에서 봉사 활동을 하던 미국인 폴 코트라이트(고성철) 선생도 다음과 같이 현지의 의료 현실을 증언합니다. 한하운 선생이 앞의 증언을 남긴 뒤로 30년 가까운 세월이 흘렀지만, 한센인에 대한 한국 시민들의 차별 또는 무관심에는 아무런 변화가 없었음을 알 수 있습니다.

> 이 진료소에는 나병 관련 의료 장비가 없었던 탓에 여기에서 시간을 오래 보내지는 않았다. 1년 전 여기로 왔을 때 깜짝 놀랐었다. 나주에는 1천 명이 넘는 나병 환자가 있었기 때문에 당연히 관련 의료 시설이 있을 것이라고 생각했다. 그 뒤로 진료 시설에 '나병 치료소'라는 표시가 있으면 다른 환자들이 오기를 꺼려 한다는 사실을 알게 되었다.
>
> — 폴 코트라이트. 『5·18 푸른 눈의 증인』, 한림, 2020: 92쪽.

수천 년 동안 동료 한국인에게 차별받고 배척당해 온 한센인을 치료하고자 근대적 의료 시설을 처음으로 만든 이들은 외국인 선교사입니다. 오스트레일리아 장로교 선교사 제임스 노블 매켄지(매견시)가 부산에 설립한 상애원, 미국 남장로교 선교사 로버트 맨턴 윌슨(우월손·우일선)이 광주에 세운 광주나병원과 여수에 설립한 애양원, 미국 북장로교 선교사 아치볼드 그레이 플레처(별리추·별의서)가 대구에 지은 애락원, 캐나다 장로교 선교사 플로렌스 제시 머리(모례리)가 원주에 세운 경천원 등 이 리스트는 길게 이어집니다.

그렇게 수많은 외국인이 한국의 한센인을 치료하고 사회 복귀를 지원했다 보니, 이들 외국인의 이름이 남은 지역도 많습니다. 이 가운데 가장

도판 1 부산 동구 좌천동의 일신기독병원에 자리한 '대영나병자구료회 기념비'. 1909년 부산 남구 감만동에 한국 최초의 한센병 전문 치료 기관인 상애원(부산나병원)이 설립된 사실을 기념해 1930년에 제작한 비석이다. 참고로 대영나병자구료회는 부산과 대구, 광주에 한센인 병원을 지을 때 재정을 지원한 국제단체다. (2020년 7월)

대표적인 곳을 두 군데 소개하겠습니다. 먼저 미국 남장로교의 엘머 티머시 보이어(보이열) 선교사가 전라북도 남원 산성 지역에 건설한 정착촌은 '보성농원'이라 불립니다. 보이열의 '보'와 산성의 '성'에서 한 글자씩 따온 이름입니다. 또 서울 서초구의 헌인농장은 '에틴저마을'로 불렸습니다. 6·25전쟁 후 한국의 부흥을 도운 한미재단의 해리 에틴저 씨가 이 마을을 짓는 데 도움을 줬다고 해서 그런 이름이 붙은 것입니다.

현대 한국 시민의 한센인 탄압

한센인에 대해 현대 한국 시민들은 실로 다양한 차별을 행했습니다. 이런 차별을 상징하는 것이 한센병력자 정착촌의 위치입니다. 정착촌은

도판 2 전북 남원시 내척동 산성교회에 자리한 '보성농원 설립자 보이열 선교사 공로 기념비'. 1963년 보성농원이 설립된 사실을 기념해 1965년에 제작한 비석이다. (2022년 10월)

대체로 도시나 농촌 마을의 경계 너머에 자리 잡고 있습니다. 대개는 땅끝이나 골짜기, 공동묘지나 군부대 옆처럼 사람들이 살고 싶어 하지 않는 곳들입니다.

정착촌이 자리한 곳의 성격이 어떠한지를 상징적으로 드러내는 곳이 인천 남동구와 경상남도 사천시에 있습니다. 인천 남동구 간석동의 부평농장은 화장터와 공동묘지로 이뤄진 부평구 부평동의 인천가족공원과 맞닿아 있고, 경상남도 사천시 실안동의 가파른 바닷가 골짜기에 자리한 영복원 옆에는 마찬가지로 화장터와 공동묘지로 구성된 송포동의 사천시누리원이 존재합니다. 마치 한센인을 죽은 사람으로 취급하는 것이나 다름없습니다.

도판 3   집과 축사가 붙어 있는 경북 경주시 천북면 신당리의 희망농원 (2021년 11월)

이들을 죽은 사람 취급하는 데서 그치지 않고 일부 시민은 이들의 정착을 방해하고 폭력을 행사했으며, 살인을 저지르기에 이릅니다. 광복 직후에 직원들이 한센인 84명을 죽인 '소록도 나환자 학살 사건', 그리고 사천 영복원의 한센인들이 바다 건너 비토도에 땅을 개간해 정착하려 하자 주민들이 이들을 구타한 끝에 30여 명을 죽인 1957년 8월 28일 '사천 비토리 사건' 등이 그 대표 사례입니다. 이 두 사건의 가해자인 한국 시민들에 대한 처벌은 흐지부지되었지요(국가인권위원회 「한센인 인권 실태 조사」). 한하운 선생은 한국 시민의 본모습을 다음과 같이 비판합니다.

8·15 해방이 되고도 나환자 학살 사건이 5, 6차나 있었다. 여태까지 한 사람도 처벌을 받은 사람이 없다. 그래서 그런지 '문둥이 죽여도

죄가 되나', '문둥이 죽이고 살인났다' 등등의 하늘이 무섭지 않는 말을 비토리 섬사람들은 함부로 입질 하고 있었다.

피비린내 나는 비토리 나환자 학살 사건에서 나환자가 30명 가까이 죽었다. 이 사건에서 당지의 지서 주임만 파면시키고 이력저력 이것을 덮어 버렸다. 이 사건에서 우리들은 적어도 손 보건사회부 장관은 사표를 내야 하겠고 내무부 장관 역시 사표로서 책임의 일부라도 져야 할 것이 아닌가. (…)

나환자가 살겠다고 묶어 있는 국유 미간지를 개척하려고 신천지를 찾으려고 하다가 지방민의 갖은 방해에 쫓겨나고 또한 계획을 포기한 사건이 작년 일 년 동안 일어난 사건만 기억나는 대로 적어 보면 경기도의 여주, 경상북도의 경주, 경상남도의 고성, 욕지도, 사천… 등등 이렇게 허다하게 있다.

— 한하운, 『한하운 전집』, 문학과지성사, 2010: 719~720쪽.

살해까지는 치닫지 않았더라도, 정착촌 주변의 비한센인 시민들이 한센인을 습격한 사례는 숱하게 확인할 수 있습니다. 《중앙일보》 1970년 11월 13일 자 「나환자촌 습격」에 따르면 전날인 12일에 부산 서구(오늘날 사하구) 장림동의 주민 5,000여 명이 "문둥이를 몰아내자."라고 외치면서 산기슭의 한센인 정착촌을 습격했습니다. 또 그들은 한센병력자의 자녀가 자기 자녀와 같은 학교에 다니는 것을 거부하며 '등교 거부' 투쟁을 펼쳤지요. 결국 이 소동은 학교를 별도로 만들며 일단락됩니다.

한센병은 유전 질환이 아니므로, 한센병력자의 자녀라고 해서 한센병을 앓지는 않습니다. 하지만 한국 사회는 이들 자녀를 '미감아'(未感兒)라 불렀습니다. 아직 감염되지 않은 아이라는 뜻입니다. 한국에는 교육의 의무가 있어서 이들 한센병력자의 자녀도 학교교육을 받아야 하지만, 한국 시민들은 이들이 한센병력자의 자녀라는 이유만으로 교육의무와 교육권을 부정했습니다.

그러한 등교 거부 사건을 대표하는 사례가 1969년 서울 성동구(오늘날 강남구) 세곡동의 대왕국민학교에서 일어난 '미감아 파동'입니다. 이 사건에 대해서는 《조선일보》 2020년 8월 22일 자 「헌인마을의 비극이 드러낸 한국 현대사」에서 소개한 바 있으므로 자세한 내용은 해당 칼럼을 읽어 주시기를 바랍니다.

박정희 정부는 이들 한센병력자의 자녀 다섯 명을 주거지 근처의 학교로 등교시키려 했지만, 한센병력자에 대한 차별 의식에 사로잡힌 시민들을 끝내 이기지 못했습니다. 그 당시 책임 있는 의료 당국자들이 이들 다섯 아이를 자기 집에 머물게 하고 문교부(오늘날 교육부) 장관의 딸이 대왕국민학교로 전학 오기도 했지만, 한센인을 향한 한국 시민의 차별 의식을 이길 수는 없었습니다. 이 때문에 이들 다섯 아이는 서울 남쪽 끝자락의 집에서 약 30km 떨어진, 당시 서울 북쪽 끝자락 성북구(오늘날 도봉구) 쌍문동의 한국신학대학 병설 국민학교를 다니게 되었지요.

흔히 박정희 정부를 가리켜 독재 정권이라 칭하지만, 대왕국민학교 미감아 사건에서는 정권이 시민들을 이기지 못하고 국민의 의무를 관철시키지 못하는 모습을 볼 수 있습니다. 사건 당시 기자회견에서 "다수를 위해서는 소수가 희생하는 게 민주주의의 기본 원칙"(『한국 나병사』)이라며 비한센인 시민들의 등교 거부 투쟁을 옹호한 서울시 교육감은, 현재 독립운동가로 선정되어 있지요. 칼럼에 적었듯 "반일 독립운동가와 민주

도판 4 　옛 지도에 '나병촌 학교'로 기록된 충남 서산시 운산면 고풍리 영락원의 운산초등학교 영락분교장 정문. 영락분교장은 1999년에 폐교되었다. (2022년 1월)

주의자가 반드시 같은 길을 걷지는 않는다는 사실을 이 사건에서 확인할 수 있"습니다.

전국적으로 그런 일이 일어나다 보니, 한센병력자 정착촌마다 근처 초등학교의 분교장이 건설되었습니다. 한때 전국 100여 곳의 정착촌에 설립되었던 분교장은 현재 전부 폐쇄되었고, 제가 확인한 바로는 몇 곳의 옛 정착촌에 분교장 건물이 남아 있을 뿐입니다. 이들 분교장 건물은 한센인에게 가해진 한국 시민의 차별과 탄압을 증언하고 있습니다.

현대 한국의 한센인 문제를 들여다보면 박정희 정부가 전향적인 정책을 취하고 시민들은 이에 반대하는 구도가 두드러집니다. 『대중 독재』(책세상, 2004)에서 임지현 선생은 '독재 정권은 시민들을 무조건 억누르는 것이 아니라 일정 정도 그들의 합의와 동의를 얻어야 존속할 수 있다'고

도판 5 전북 남원시 내척동의 보성농원에 자리한 옛 남원북국민학교 보성분교장 건물. 보성분교장은 1994년에 폐교되었으며, 남원북국민학교는 1999년 남원왕치초등학교로 이름을 바꿨다. (2022년 10월)

주장했지요. 1969년의 대왕국민학교 미감아 사건은 박정희 정부가 단순히 한국 시민의 합의와 동의를 얻어서 '대중 독재'를 실시한 것이 아니라, 한국 시민의 적극적 차별 의식에 등 떠밀려 차별적인 정책을 시행했음을 보여 줍니다.

한편 박정희 대통령의 부인인 육영수는 전국에 산재한 한센병력자 정착촌을 전부 방문해 이들을 위로하고, 이들이 경제적으로 자활하도록 축산을 장려했습니다. 시민들이 자신들을 차별하는 가운데 최고 권력자 부부가 자신들에게 관심을 보여 준 점에 한센인들은 감동했지요. 그래서 1974년 8월 15일에 육영수가 암살당하자, 전라남도 나주의 정착촌인 호혜원과 현애원에 사는 한센인들은 그를 추모하는 비석을 세우고 지금도 매년 추모제를 지냅니다. 이는 나주만의 정서가 아닙니다. 경기도 의왕의 정착 시설인 성라자로마을에서 펴낸 『성라자로마을 50년사』(2000)에는 "육영수 여사는 나병에 대한 편견을 불식하고 나환우들을 돕는 일에 기여한 바 크다."라고 기록되어 있습니다.

뒤집히는 역사관

이제껏 한국 사회에서는 '일반인'이라는 다수 시민의 관점으로, 지난 100년 동안 한반도에서 일어났던 일들을 논해 왔습니다. 여러분이 학교와 방송 등에서 접하는 역사관은 그렇게 일반인의 관점에서 만들어진 것입니다.

하지만 '한센인'이라는 가장 탄압받는 소수자의 삶에 주목하면 이런 역사관은 근본적으로 뒤집힙니다. 그 뒤집힌 역사관의 본질에 존재하는 것은 '자신의 잔혹함을 반성하지 않고 남 탓만 하는 한국 시민'이라는 한국 시민 스스로의 어두운 모습입니다.

지금까지 한센인들은 생식기능을 없애는 '단종수술'을 시작으로 각종 국가 폭력 및 시민사회의 전방위적 차별을 겪어 왔습니다. 한국의 한센인 문제에 대해서는, 시민사회가 독재에 동의하는 정도를 넘어서서 탄압을 주도했습니다. 2020년 코로나19 발생 초기에 일부 시민의 동선이 국가에 의해 낱낱이 파악되어 폭로당하고, 이를 다수 시민이 비웃음과 경멸의 소재로 삼은 것과 마찬가지입니다. 한하운 선생은 한국 시민들의 어두운 본질을 다음과 같이 비판한 바 있습니다.

갖은 학대를 받아도 사람들은 문둥이니까 당연히 받을 것을 받는
것같이 눈도 하나 까딱하지 않고 말뚱한 눈으로 보고만 있다.

나환자는 사람으로서 갖고 있는 천부의 인권과 의식주까지라도 박
탈당하고 있다.

— 한하운. 『한하운 전집』, 문학과지성사, 2010: 538쪽.

이렇듯 한센인 문제에 대해서는 한국 시민사회 또한 가해자입니다.
그러나 이런 문제를 회피하기 위해 현재 한국 시민들은 '소록도의 일제
만행'만을 강조하는 등 민족주의에 기대고 있지요. 하지만 한하운 선생은
한국 시민을 정면으로 비판했습니다.

시민사회의 적극적 지지에 힘입어 국가가 조직적으로 차별한 결과,
한센인들은 숨어 버렸습니다. 지금 한국 사회는 이들 한센병력자가 모두
사망하기를 기다리는 것처럼 보입니다. 자신들이 학대한 피해자가 사라
짐으로써 스스로의 순결성을 되찾으려는 것입니다.

이상의 사례로부터 저는 한센인들이 한센병의 외과적 치료 차원을 넘
어서서, 시민사회 및 국가로부터 차별당한 결과로 발생한 외상후스트레
스장애에 대한 보상과 정신건강의학과적 치료를 받아야 한다고 생각하
게 되었습니다.

가장 약한 사람들이 민주주의의 권리를 누릴 때, 한국 사회는 진정 민
주주의국가라고 할 수 있을 것입니다. 그런 의미에서 아직 한국은 모든
시민이 주인인 '민주공화국'이 되지 못했습니다.

한국 사회의 본질, 한국 사회가 나아가야 할 길은 옛 지배 집단인 왕족
과 양반의 유적지 대신 한센병력자 정착촌에 존재합니다. 여러분 한 사람

도판 6   철거되어 공원으로 바뀐 전북 남원시 용정동의 신생마을 (2022년 10월)

한 사람이 민주공화국 시민으로서 이 나라 민주주의를 진전시키기 위한 주체적인 답사를 해 주시길 부탁드립니다.

07

영월 광산촌

: 산업 전환과 남겨진 사람들

흔적만 남은 옛 광산촌

이 장에서는 강원도 남부에 자리한 영월군, 그중에서도 동쪽 지역을 답사합니다. 운전면허가 없는 저는 기본적으로 대중교통을 이용합니다. 하지만 강원도 산간 지역은 도저히 대중교통으로 답사할 수 없는 곳이라는 사실을 독자분들도 익히 아실 터입니다. 그래서 평소에 함께 전국을 돌아다니는 답사 팀과 자가용으로 이곳을 찾았습니다.

석탄, 텅스텐, 석회암, 철광석 등을 채굴하는 광산이 강원도 곳곳에서 운영되던 시절이 있었습니다. 이때만 해도 광산 배후에 형성된 광산촌들 사이를 버스 노선이 촘촘히 이어 줬지요. 하지만 탄광업이 사양길에 들어선 뒤로 이들 광산촌은 소멸하거나 규모가 매우 축소되었습니다. 그에 따라 자연히 버스 운행도 중단되거나 하루 몇 차례로 줄어들었지요.

도판 1   강원 영월군 상동읍 구래리 상동광업소 광산촌의 경관 (2021년 9월)
도판 2   강원 정선군 고한읍 박심리와 영월군 상동읍 구래리를 잇던 길 (2021년 9월)
도판 3   강원 영월군 상동읍 구래리의 공동주택 (2021년 9월)

이들 마을을 연결하던 비포장도로나 산길 역시 사라져 버린 곳이 많습니다. 그렇다 보니 두 곳의 광산촌이 지도상에서는 걸어갈 만큼 서로 가까이 있더라도, 실제로는 산을 크게 휘감아 돌아가야 하는 경우가 많습니다. 영월 답사의 출발점인 정선군 고한읍 박심리와 영월군 상동읍 구래리가 그랬지요.

한때는 번성하던 광산촌인 박심리는 현재 리조트로 개발되어 마을이 소멸했습니다. 이곳에 탄광촌이 번성했다는 사실을 알려 주는 것은 리조트 입구에 세워진 박심리 마을 비석뿐입니다. 박심리 탄광촌이 사라지다 보니, 이곳에서 산 너머 구래리의 상동광업소로 이어지던 좁은 길도 사실상 폐로가 되어 있었습니다.

상동광업소는 중장년층에게는 '중석'(重石)이라는 단어로 더 익숙한 텅스텐을 채굴하던 곳입니다. 한동안 폐광되었던 상동광업소는, 최근 들어 몇몇 업체가 영업을 재개할 움직임을 보이고 있습니다. 그렇다 보니

현재 이곳은 예전 시설물과 채굴을 앞둔 시설이 혼재해, 두 시기의 시층을 이룹니다.

요즘에는 텅스텐의 가치가 높아지면서 재개광을 준비하는 투자자들의 발길이 눈에 띄게 늘고 있어 또 다른 신화에 대한 지역 주민의 기대감을 부풀게 하고 있다.

—《강원도민일보》, 「이것이 산업 유산이다」, 2011. 9. 14.

구래리 한편에 서 있는 '하늘 아래 첫 놀이터' 비석에 이름이 새겨진 '꾸러기들'은, 아마 성인이 되어 대다수가 타지로 나갔을 터입니다. 다시한번 텅스텐을 캐 보려고 하는 이들 업체의 시도가 성공해, 상동광업소의 광산촌인 구래리와 그 남쪽의 내덕리 상동읍사무소 주변에 예전 활기가되돌아오기를 바랍니다. 상동광업소의 배후지인 구래리와 그 남쪽에 자리한 내덕리 상동읍사무소 주변은 이처럼 어느 정도 마을 규모가 남아 있습니다. 그러나 영월군의 다른 광산촌은 이보다 사정이 나쁩니다.

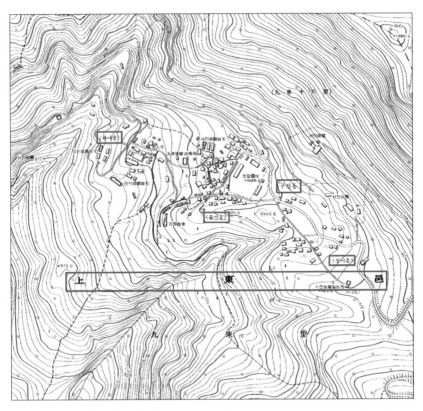

1988년 지도에 나타난 강원 영월군 상동읍 구래리의 구강동마을. 국민학교가 마을 한가운데에 자리하고 '상마을', '중마을', '하마을'로 나뉘었을 정도로 꽤 큰 규모였다.

　석탄을 캐던 상동읍 구래리의 구강동마을은 이미 소멸했으며, 옥동광업소에 의존해 번성하던 김삿갓면 주문리의 모운동마을과 예밀리 등도 거의 소멸 직전입니다. 옥동광업소 지역에는 폐광산 입구가 한 곳 남아 있고 그 옆에는 광부들이 몸을 씻던 목욕탕 건물이 자리합니다. 이 목욕탕 건물 주변은 현재 야영장으로 정비되고 있어서 접근하기가 비교적 쉽습니다. 그곳에 가신다면 "머릿돌 / 본 건물은 광산 근로자를 위하여 정부의 지원으로 건립된 것이니 다 함께 고마운 마음으로 이용합시다. / 동력

도판 5 강원 영월군 김삿갓면 주문리 모운동마을의 옛 목욕탕 (2021년 9월)

도판 6 강원 영월군 김삿갓면 주문리 모운동마을의 폐광산 입구. 옥동광업소는 1960~1980년대에 호황을 누렸고 1989년 폐광했다. (2021년 9월)

자원부(오늘날 산업통상자원부) / 1987년 11월 3일 준공"이라고 새겨진 목욕탕 건물의 머릿돌을 꼭 챙겨 보시길 바랍니다.

예전에 '별표연탄'을 생산하던 옥동광업소의 배후지인 모운동마을의 주민들은 관광객을 유치하기 위한 노력을 기울이는 한편(《강원도민일보》 2011년 9월 28일 자 「산업 유산 관광 루트를 찾아서」), 예밀리의 마을 주민들은 30여 년 전에 세워진 탄광 사택을 알뜰살뜰히 가꾸면서 조용히 삶을 영위하는 길을 택하신 듯했습니다. "본 단지는 광산 근로자를 위하여 정부의 지원으로 건립된 것이니 다 함께 고마운 마음으로 이용합시다. / 동력자원부 / 1986. 10. 30."이라 적힌 사택 머릿돌을 촬영하던 우리를 보고는 마을에 사는 한 꼬마가 손을 흔들어 줬지요. 반가운 마음으로 손을 흔들어 답례하며, 한때의 번영 뒤에 규모가 줄어든 이 마을에서 조용히 삶을 꾸리는 주민분들의 마음을 헤아려 봤습니다.

석탄과 텅스텐을 나르던 길과 역전 마을

옥동광업소에서 채굴된 석탄은 철도로 모운동마을을 통과한 다음, 예밀리의 서쪽부터는 철도가 아니라 삭도(索道), 즉 '케이블'(cable)로 태백선 석항역까지 운반되었습니다. 철도 노선이 끝나고 삭도가 시작되는 지점에는 '삭도'라는 이름의 버스 정류장이 자리하며, 그 옆에는 삭도를 출발시키던 시설물이 남아 있지요. 주민들은 삭도 시설물이 노후되었으므로 철거해야 한다고 요구하고 있었습니다(《강원도민일보》 2020년 11월 16일 자 「"영월 옛 옥동광업소 폐삭도 시설 철거해야"」). 그 소식을 접하고 나서 서둘러 답사를 간 것인데, 제가 답사할 때까지는 아직 시설물이 남아 있었지요.

도판 7 　강원 영월군 김삿갓면 예밀리의 '삭도' 버스 정류장 (2021년 9월)

강원도의 산업 유산에 관심이 있는 분이라면 이 시설물이 철거되기 전에, 또 산길에 눈이 쌓이기 전에 서둘러 가 보시길 권합니다.

이렇게 옥동광업소에서 캐낸 석탄은 김삿갓면 예밀리의 삭도를 통해 산솔면 석항리에

도판 8　　　옥동광업소와 석항역 사이를 운행하던 삭도의 흔적 (2021년 9월)

도판 9　　　강원 영월군 산솔면 연상리의 옛 대한중석 하역소 (2021년 9월)

자리한 석항역의 동쪽 저탄장으로 집결했습니다. 그런가 하면 상동읍 구
래리에서 캔 상동광업소 텅스텐은 석항역 서쪽의 대한중석 하역소에 쌓
였지요. 현재 중석 하역소는 다른 용도로 쓰이고, 저탄장은 여전히 예전

처럼 이용됩니다. 하지만 이곳 석항역 저탄장도 머지않아 사용이 종료될지도 모르겠습니다(《이뉴스투데이》 2021년 8월 31일 자 「정선군, 석항 무연탄 저탄장에 1,400억 규모 민자 유치」).

강원도 남부에서 채굴된 석탄과 텅스텐이 외부로 운반되는 관문으로서 번성하던 석항역 역전 마을은, 광물 채굴량이 줄어들고 석항역이 여객 영업을 중단하며 그 규모가 축소되는 중입니다. 역 앞에 열차를 개조한 게스트 하우스를 운영하고, 역 주변에 벽화를 그리는 등 지역 주민들은 나름의 자구책을 모색 중입니다. 하지만 관광객이 석항역에 내릴 수 없다 보니 자가용이 없는 저 같은 사람은 접근 자체가 거의 불가능합니다.

마을이 축소되고 있다는 징후는 곳곳에서 확인되었습니다. 우체국이 우편 취급을 중단하기로 하자, 이에 반대하는 주민들이 우체국 주변과 석

도판 10 석항 삼거리로 옮겨진 '김규창 선덕 불망비' (2021년 9월)

항 삼거리 곳곳에 현수막을 내걸어 뒀습니다. 한편 "김규창 선덕 불망비 / 1974. 5. 25. / 석항 주민 일동"이라 적힌 비석이 1995년 지도에는 마을 외곽 서쪽에 자리한 것으로 표기되어 있었지만, 제가 갔을 때는 석항 삼거리로 옮겨져 있었지요. 그러한 비석은 마을 초입에 세워지는 경우가 많으므로, 비석의 위치가 석항역에 좀 더 가까운 석항 삼거리로 옮겨진 것은 마을의 규모가 축소되었음을 상징하는 듯했습니다. 20세기

도판 11　강원 영월군 산솔면 연상리의 옛 기와집. 한때 역전 마을의 여관이었고 오늘날에는
식당으로 활용된다. (2021년 9월)

중후반 한반도 곳곳에서 번성하며 한국의 산업을 받쳐 주던 광산촌은 현재 사라져 버렸거나 소멸의 길을 걷는 중입니다. 산업 형태의 변화는 피할 수 없지만, 이 과정에서 뒤에 남겨지는 사람이 있고 마을이 있습니다. 변화의 과정에서 남겨지는 사람들과 마을을 바라보는 일은 언제나 쓸쓸합니다.

글을 끝내면서 의미 있는 식당을 한 곳 소개하겠습니다. 석항역 역전 마을이 번성하던 시절에 여관으로 이용된 옛 기와집이 지금은 식당으로 활용되고 있습니다. 상습적으로 물난리 피해를 당하던 석항리 주민들을 위해 조성된 수해 주택과 아울러, 한때 번성하던 역전 마을의 분위기를 느낄 수 있는 귀중한 건물입니다. 석항역 앞 게스트 하우스에 묵을 예정이라면, 이 식당의 영업시간을 미리 확인했다가 방문해 보시길 권합니다.

08

미군 위안부 기지촌

: 김정자 선생의 흔적을 따라가는 답사

증언과 직시

이 장에서는 '미군 위안부'로 활동하며 겪은 피해 상황을 맨 처음 공개적으로 문제 제기한 김정자 선생이 『미군 위안부 기지촌의 숨겨진 진실』(한울아카데미, 2013)에서 증언한 내용을 따라 전국을 살핍니다. 『미군 위안부 기지촌의 숨겨진 진실』은 미군 위안부, 속칭 '양공주'로서 살아온 김정자 선생이 인신매매된 뒤로 떠돌아다닌 전국 곳곳의 기지촌을 활동가들과 함께 다시 찾아가 당시 상황을 설명한 증언록입니다. 그가 친구에게 속아 납치되고 포주와 깡패에게 구타당한 장소들을 촬영한 사진과 함께 당시 상황이 설명되는 대목은 너무나도 무거우며, 김정자 선생을 비롯한 미군 위안부분들의 고통이 한국 시민들 사이에서 공유되지 못하고 있는 현실은 고립감과 분노를 전해 줍니다.

한국 시민들은 한국·한민족을 괴롭힌 외부 집단을 비난하는 데는 익숙하지만 한국 정부가 자기 나라의 힘없는 국민을 괴롭히는 것을 '직시'하는 동시에, 정부의 이러한 행동을 모른 척하거나 암묵적으로 지지해 온 자신들의 행동을 '반성'하는 데는 익숙지 않습니다. 다른 나라에서도 다수 시민은 자기 정부가 저지른 국가 범죄에 대해 침묵하지만, 그래도 이 가운데 '양심적 시민'이라 불리는 사람들이 있어서 목숨을 걸고 자기 사회의 감춰진 역사를 밝혀내 왔습니다. 예를 들어 자신이 '일본군 성 노예'였음을 처음으로 증언한 배봉기 선생의 경우 일본 제국주의의 피해를 당한 오키나와 시민들의 연대 의식에 힘입어 삶을 이어 왔고, 가와타 후미코 선생과 같은 일본인 작가와 언론인을 통해 본격적으로 그 존재가 알려졌지요.

《한겨레》 2015년 8월 7일 자 기사 「우리가 잊어버린 최초의 위안부 증언자… 그 이름, 배봉기」에도 언급되었듯, 가난한 집에서 태어나 사실상 식모로 팔려 간 뒤 제국 일본 곳곳을 떠돌던 배봉기 선생은 스물아홉 살이 되던 1943년에 위안부 모집 업자에게 속아 오키나와제도까지 가게 되었습니다. '가난한 집에서 태어난 배봉기 선생이 사기당해 일본군 성 노예가 된 것'은 『미군 위안부 기지촌의

도판 1 김정자 선생의 증언으로 구성된 『미군 위안부 기지촌의 숨겨진 진실』. 파주부터 동두천, 평택, 칠곡, 부산, 서울, 의정부, 군산에 이르는 전국의 기지촌을 여행하며 1960년대부터 1990년대까지 거기서 벌어진 이야기를 육성으로 전한다.

숨겨진 진실』의 증언자인 김정자 선생의 삶과도 유사합니다. 가난한 집에서 태어나 의붓아버지와 형제에게 성폭행당한 뒤 친구에게 속아 경기도 파주 연풍리 용주골로 인신매매된 김정자 선생은, 자신과 같이 어쩔 수 없는 상황에서 미군 위안부가 된 여성이 많은데도 한국민은 자신들을 비난하기만 한다고 하소연합니다.

> 그게 아니거든. 가난해서 나왔지. 그래, 부모 동기간 먹여 살릴려고 나온 사람도 있고, 팔려 온 사람도 있고, 한국 사람한테 버림을 받아서 나온 사람도 있고, 신랑하고 잘 사는데 폭행으로 못 있어서 나온 사람도 있고, 많어. 다 (양)색시라고 아유, 저 여자 못된… 아유, 저거? 바람이 나서 나왔어? 저거? 아이고… 그럼 그렇지 뭐, 이렇게 인정하지 말아 달라는 거지. 그럼 돌아가신 언니들이 복통(통곡)을 할 거야. 돌아가신 사람들, 미군 손에 죽은 사람들도 있고, 그 사람 얼마나 미군 손에 안 죽을려고 발버둥을 쳤을 거야?
> ― 김정자, 『미군 위안부 기지촌의 숨겨진 진실』, 한울아카데미, 2013: 308쪽.

김정자 선생의 증언을 기록한 곳은 기지촌 여성의 고통을 사회에 알리고, 이들의 자립을 돕기 위해 조직된 '새움터'라는 모임입니다. 그처럼 주한 미군이 한국에 안정적으로 주둔할 수 있도록 한국 정부가 운영하고 관리한 미군 위안부에 대해, 한국의 뜻있는 시민들도 결코 무관심하지는 않았습니다. 나아가 해방 후 일본군 성 노예제를 한국군에 도입한 '한국군 위안부' 문제에 관해서도 김귀옥·강정숙 선생 등의 선구적 연구가 있었지요.

선량한 침묵과 암묵적 협력

하지만 한국군 위안부와 미군 위안부 문제는 여전히 한국 사회에 잘 알려져 있지 않습니다. 베트남전쟁 당시 한국군에 의한 베트남 국민 학살 문제와 마찬가지로, 한국 군부는 한국군 위안부 문제에 침묵을 지키고 있습니다. 그리고 김정자 선생의 증언에서 나타나듯, 미군 위안부 희생자분들에 대해서는 한국 시민들 사이에서도 '양색시'니 '양갈보'니 하는 식의 차별적 인식이 여전히 널리 존재합니다.

일본군 성 노예 문제를 제기하는 일이 민족주의에서 기인한 것이 아니라 보편적 인권 의식에 따른 것이라 믿는 사람이라면, 일본군 성 노예 문제와 똑같은 정도로 한국군·미군 위안부 문제도 적시하고 이에 대해 분노해야 합니다. 하지만 일본군 성 노예 문제에 목소리를 높이는 한국 시민들 가운데, 한국군·미군 위안부의 존재와 이분들의 비참한 상황에 대해 인지하고 문제를 제기하는 사람이 많은 것 같지는 않습니다. 한국 정부에 의한 국가 폭력의 생존자인 권인숙 선생은 『미군 위안부 기지촌의 숨겨진 진실』의 추천사에서 한국 사회의 이중적 인식을 지적합니다.

2008년 어떤 학회에서 여성사학자 이임하 씨가 우리가 기지촌 여성이라고 불렀던 미군 기지 주변 성매매 여성도 한국전쟁 이후부터 공식적으로 위안부라고 불렀다는 논문을 발표했을 때 무척 놀랐던 경험이 있다. 군 위안부 제도를 도입한 일본 군부를 비판해 왔지만 그 제도는 그대로 이어져 한국 정부와 미군에 의해서 유지되어 왔다. 김정자 씨가 풀어놓은 미군 위안부의 첫 목소리는 일본군 위안부였던 정신대

도판 2 　　　 김정자 선생이 묵었다고 증언한 경기 파주시 파주읍 연풍리의 집 (2019년 8월)

할머니들의 목소리와 결이 같다. 다만 정신대 할머니들은 온 사회가
포옹하고 있지만 미군 위안부는 이제 존재조차 집단 기억 속에서 가물
가물하게 되어 가고 있다.

　　　　 — 김정자, 『미군 위안부 기지촌의 숨겨진 진실』, 한울아카데미, 2013: 6쪽.

　방직공장에 취직시켜 주겠다는 동네 친구의 거짓말에 속아서 경기도
파주 연풍리 용주골로 인신매매된 김정자 선생은 여러 차례 '탈출'을 시
도했습니다. 그러나 포주와 결탁한 깡패들의 폭력, 포주와 호형호제하는
지역 경찰의 묵인 등으로 매번 도주에 실패하고 감금과 구타에 시달리면
서 차츰 자포자기의 심정이 되었지요. 포주는 '세코날', '아로징' 등의 습관
성 약품을 복용하라고 강권했습니다. 제공되는 약품은 물론 빚으로 계산
되어 이들을 더욱더 빠져나가기 어려운 상황으로 몰아넣었지요.

경찰서, 시군구청, 보건소 등에서는 이들을 해방하거나 최소한 근무 상황이라도 개선해 주려 노력하지 않고 그저 이들을 산업 일꾼으로 칭송하며 국가를 위해 더 많은 달러를 벌라고 채근했습니다. 근대 일본의 산업화 과정에서 가라유키산[からゆきさん]으로 불리는 빈민 계층 여성들이 해외에서 성매매해 벌어들인 외화가 큰 역할을 한 것과 마찬가지로, 현대 한국에서노 국가 산업화는 하층계급 여성들의 '성 노동', '성 착취'에 힘입은 바가 큽니다.

하지만 이들이 희생한 대가를 정부도 시민사회도 '지불'하지 않았습니다. 정부와 정치인은 이들이 은퇴한 뒤에 자활할 수 있도록 공장과 임대주택을 제공할 계획이라고 장담했지만, 약속은 지켜지지 않았습니다. 전국 각지의 기지촌에서 결성된 미군 위안부 여성 조직인 '자매회' 역시

장례비, 노후 대책 마련, 양로원 건립 등의 명목으로 이들에게서 회비를 걷어 갔지만 1990년대 중반부터 한국 정부가 자매회와 관계를 정리하며 '적립된 회비'는 어딘가로 사라져 버렸지요.

중상층 시민의 안락과 편익을 지키기 위해 하층계급 여성들을 희생시켰으면, 최소한 이들이 늙어서 살 수 있는 곳 정도는 마련해 주는 것이 국가가 할 일 아니겠습

도판 4 전북 군산시 산북동의 주식회사 옥구아메리칸타운. 'A타운'으로 불린 이곳은 3km가량 떨어진 군산 미군 기지 장병들의 유흥을 위해 1970년대 국가가 계획적으로 조성한 마을이다. 지금은 '국제문화마을'로도 불린다. (2018년 6월)

니까. 그러나 이들은 국가와 시민사회로부터 버림받아 지금도 기지촌의 값싼 쪽방에 머물고 있으며, 미군 부대의 재편과 함께 기지촌에 대한 재개발 움직임이 활발해지면서 곧 쫓겨날 상황에 놓였습니다.

저는 김성사 선생을 비롯한 수많은 하층계급 출신의 미군 위안부 여성이 끌려와 고생만 하다가 죽어 간 기지촌들을 답사하고 있습니다. 강제로 끌어가 성병 검사를 하던 보건소, 성병을 낫게 하겠다며 감금하고 강제로 페니실린 주사를 놓던 낙검자 수용소, 이런 곳에 끌려가지 않으려던 여성들이 타고 있던 트럭에서 뛰어내려 스스로 목숨을 끊었던 도로, 이들이 미군 손에 무참히 살해당했던 현장….

이런 참담한 현장에 설 때마다 생각합니다. 한국 정부가 주도했으며 '선량한' 한국 시민들이 침묵함으로써 암묵적으로 협력한 미군 위안부 문제를 세상에 드러내는 것과, 외국 정부와 군대가 한반도 하층계급 여성들

에게 끼친 피해를 인정하고 보상하라고 요구하는 것은 서로 다른 문제가 아니라고.

 그러므로 한국 시민들은 미군 위안부 문제도, 베트남전쟁에서 한국군이 저지른 학살도, 한국의 남성 사업가와 학생이 중국과 동남아시아에 버리고 온 수많은 여성과 아이의 존재도 모두 같은 정도로 직시하고 반성해야 합니다. 이렇게 한국 시민이 자아비판을 할 수 있어야 외국 정부와 군대가 한국인, 특히 빈민 계층 한국인에게 끼친 피해에 대해서도 인류 보편의 입장에서 반성과 보상을 요구할 수 있게 된다고 저는 믿습니다.

 자국의 치부를 드러내는 것은 다른 나라를 돕는 행위이며, 적전 분열(敵前分裂)이라고 비난하는 사람은 어디에나 존재합니다. 근현대 일본 역사의 어두운 부분을 파헤쳐 고발하는 양심적인 일본 시민들, 이오시프 스탈린과 마오쩌둥의 자국민 학살 문제를 제기하는 용감한 러시아·중국 시민들도 각기 자기 나라에서 똑같은 비난과 협박을 받고 있습니다.

도판 7　　경기 의정부시 고산동 빼뻘마을의 필리핀 식당. 2000년 이후 필리핀 출신 여성들이 일명
　　　　　'주시 걸'이라고 불리며 기지촌에 자리 잡게 되었다. 국적만 달라졌을 뿐, 구조는 그대로다.
　　　　　(2018년 3월)

도판 8　　경기 의정부시 고산동 빼뻘마을의 옛 성병 진료소. 지금은 기지촌 여성의 자활과 자립을
　　　　　돕는 '두레방'이 자리하고 있다. (2018년 3월)

　　따라서 이러한 문제를 해결하려면, 국가나 민족보다 계급과 계층이라
는 관점에서 여러 지역의 시민들이 힘을 합쳐야 합니다. 경기도 파주 연
풍리 대추벌의 기지촌에서 중국인 여성이 김정자 선생을 동두천으로 탈
출시켜 준 것처럼, 계급과 계층은 국가나 민족을 초월해 작동할 수 있습
니다. 그러므로 만국의 시민이여, 단결합시다.

09

화성 향남읍

: 다인종·다문화 국가 한국

향남의 신도시와 구도심

이 책의 마지막 답사 지역은 경기도 화성시 중남부의 향남읍입니다. 21세기 초의 한국, 즉 현재의 한국이 어떠한 모습인지를 그곳에서 잘 알 수 있습니다.

'화성시'라고 하면 많은 분이 동탄 신도시를 떠올릴 것입니다. 하지만 이 글에서 찾아갈 곳은 제가 '확장 강남'이라고 부르는 화성시 동쪽 끝의 동탄 신도시가 아닌, 화성 서남부 중심지인 향남읍 장짐리·평리·행정리 지역입니다. 대서울의 서남부를 관통하는 수도권 전철 서해선의 향남역이 머지않아 완공될 계획(2024년 예정)인 데다가, 화성시 측에서 요구한 신안산선의 향남역 연장(2027년 예정)도 최근 확정되어 앞으로 뉴스에 더 자주 등장할 곳이지요.

동탄 신도시는 중상류층을 대상으로 하는 고층 아파트 단지 위주의 단일한 성격을 지닌 곳입니다. 이에 비해 향남읍에는 100년 넘는 역사를 지닌 구도심과 고층 아파트 단지 위주의 신도시가 공존합니다. 제가 전국을 답사한 바로는, 동탄 신도시보다는 향남읍의 사례가 한국 도시들의 일반적 상황에 좀 더 가깝습니다.

또한 옛 시장을 중심으로 하는 향남읍 구도심과 주변 지역에는 경제협력개발기구(OECD) 기준에 따라 한국이 곧 진입하게 될 '다인종·다문화 국가'의 모습이 이미 나타나 있습니다. 서울로 대표되는 대도시 핵심부에 거주하는 시민들만 모르고 있을 뿐이지, 미등록 외국인까지 포함한다면 한국은 이미 다인종·다문화 국가가 되었음을 전국을 답사하며 두 눈으로 확인합니다.

대도시 핵심부에 주거와 직장을 둔 정책 결정자와 언론인들은 '한국이 다인종·다문화 국가가 되어야 하는가, 아닌가?'라는 주제로 논쟁을 펼치곤 합니다. 그런데 향남읍 구도심을 1분만 걸으면 이런 논쟁이 얼마나 현실과 동떨어져 있는지를 알게 됩니다. 한국은 이미 다인종·다문화 국가입니다. 2023년의 한국 시민들은 한국이 다인종·다문화 국가가 되어야 하는지에 대한 당위가 아니라, 이미 다인종·다문화 국가가 된 한국을 어떻게 경영할지에 관한 '사실'의 문제를 논의해야 합니다.

향남읍의 현재 모습을 살피기 전에, 향남이 어떤 과정을 거쳐서 오늘날과 같은 행정구역이 되었는지를 간단히 들여다보겠습니다. 2001년 화성군이 화성시로 승격했고, 2007년에는 향남면이 향남읍으로 승격했습니다. 광복과 6·25전쟁 직후의 지리적 정보를 많이 담고 있는 한글학회의 『한국 지명 총람 18』은 옛 향남면의 연혁을 다음과 같이 정리합니다.

향남면: 화성군 1읍, 16면의 하나. 본래 수원군의 지역으로서 남면이
라 하여 상수직, 하수직, 백토, 두모, 증거, 갈천, 길성, 송곡, 동
오, 관리, 요동, 수리현, 상두, 하두의 14개 동리를 관할하였는
데, 1914년 3월 1일 군·면 폐합에 따라 공향면의 상행, 하행,
분촌, 상평, 하평, 장기, 복촌, 방축, 도리, 제임의 10개 동리와
남곡면의 수직동과 감미면의 하두, 대양 일부와 남양군 분향
리면의 상동, 신동, 하동, 안길, 구밀, 문언, 석천의 7개 동리를
병합하여 공향과 남면의 이름을 따서 향남면이라 하여 수직,
백토, 증거, 갈천, 길성, 송곡, 오동, 관리, 요리, 화리현, 상두,
행정, 평리, 발안, 방축, 도리, 제암, 상신, 하길, 구문천의 20개
리로 개편 관할함. 동쪽은 정남면과 평택군 서탄면, 남쪽은 양
감면과 평택군 청북면, 서쪽은 장안면과 팔탄면, 북쪽은 팔탄
면과 봉담면, 정남면에 닿음.

— 『한국 지명 총람 18』, 한글학회, 1993: 531쪽.

이번에는 향남읍 도심을 이루는 장짐리·평리·행정리의 '현재사'를 만
들어 낸 지난 100년간의 몇 가지 사건을 살펴보겠습니다. 첫 번째는 향남
읍 서북쪽에 있던 팔탄면의 발안장이 1913년에 지금의 발안만세시장 자
리로 옮겨 온 사건입니다. 원래 발안장이 있던 팔탄면에는 구장리(舊場里)
라는 지명이 남았습니다. '예전에 장터가 있던 마을'이라는 의미입니다.
번성하던 발안장의 모습을 오늘날 구장리에서 찾아보기란 물론 쉽지 않
습니다. 그러나 팔탄면의 지역 단위 농협인 팔탄농협의 본점이 이곳에 있
어서 구장리가 팔탄의 중심지임을 짐작게 합니다. 발안장이 옮겨 간 때가

도판 1　　　경기 군포시 당동의 베트남 식당 (2018년 9월)

1913년이 아니라 그 이전이라는 주장도 있지만, 여기서는 통설에 따라서 말씀드립니다.

　팔탄에 있던 발안장이 이웃한 향남으로 옮겨 간 것과 비슷한 사례가 경기도 안양시와 군포시에서도 확인됩니다. '군포'라는 지명은 원래 안양시 동안구 호계동에 있던 군포장이 1925년 을축년 대홍수로 오늘날 수도권 전철 1호선 군포역 앞으로 옮겨 온 데서 비롯되었습니다. 현재 안양과 군포를 잇는 다리인 구군포교(舊軍浦橋) 근처입니다. 타지에서 옮겨 온 장터가 3·1운동을 내세우고, 다인종·다문화 국가의 모습을 보이는 것도 발안장과 군포장이 똑같습니다.

『서울 선언』에서 특필한 바와 같이 1925년 을축년 대홍수는 한강 유역의 자연·인문 지리를 크게 바꿨습니다. 남한강과 북한강이 만나는 경기도 양평군 양서면 두물머리에 자리하던 다산 정약용 집안의 거처도 그때 물에 잠겨서, 정약용의 책 가운데 침수된 흔적이 있는 것들을 박물관에서 종종 마주칩니다. 프랑스 마을이 형성되어 있는 것으로 잘 알려진 서울 서초구 반포동·방배동의 서래마을도, 원래 좀 더 아래쪽의 한강 변에 자리하던 마을이 1925년 이후 물난리를 피해 언덕 위로 옮겨 오며 새로운 역사를 시작했습니다.

발안장이 팔탄에서 향남으로 옮겨 온 이유는 아마도, 과거 향남면이 교통의 요충지로 떠올랐기 때문일 것입니다. 옛 수원군(화성군)과 남양군의 땅을 합쳐서 만들어진 향남은 두 군의 중간에 자리합니다. 이러한 지리상의 이점으로 오늘날 향남읍은 옛 화성군의 동탄·오산·병점, 옛 남양군의 남양읍 및 송산면 사강리와 나란히 화성시의 3대 중심지로서 기능합니다.

향남읍의 교통 요충지적 성격을 보여 주는 핵심 시설은, 구도심 동북쪽 끄트머리에 자리한 장짐 교차로부터 화성서부경찰서 발안지구대까지 이르는 '3·1만세로'의 한복판에 있던 발안터미널입니다. 현재 발안터미널 자리에는 상가 건물이 들어섰지만, 그 옆으로는 지방 도시의 시외버스터미널과 반드시 나란히 놓이는 택시 정류소 및 '발안터미널약국' 등이 남아 도시 화석으로서 터미널의 존재를 증언합니다.

도판 2   경기 화성시 향남읍 평리의 택시 정류소 (2021년 8월)

이곳 택시 정류소의 출입구에는 타이어(Thai language)와 베트남어로 적힌 안내 현수막이 걸려 있었습니다. "지정 택시 이외에는 불법이니 이용하지 맙시다."라는 내용의 현수막이 한국어 없이 외국어로만 적혀 있는 모습. 그것은 '다인종·다문화 국가' 한국을 보여 주는 교과서적 존재인 화성 향남읍의 현재를 드러냅니다.

선주민의 흔적 위로 도래한 현재

향남읍 구도심으로 진입하는 옛 신작로의 북쪽 끝에 해당하는 장짐 교차로 서남쪽 일대에는 몇 가지 특징적인 시설이 모여 있습니다. 첫 번째는 이 지역의 정신적 거점으로서 기능해 온 '발안성당'이고, 두 번째는 성당 입구에 세워진 '효천 최해붕 선생 송덕비'입니다. 식민지 시기부터 사망할 때까지(1940~1981) 지역 주민들에게 의술을 베푼 최해붕 선생의 업적을 기려 1982년에 건립된 송덕비는 "2021년 화성시 외국인 주민 동아리 지원 사업" 안내 현수막에 가려져 있었지요. 2021년 향남 구도심에서 어떤 사람들이 잊히고, 또 어떤 사람들이 새로운 주민으로서 목소리를 내고 있는지를 보여 주는 상징적 장면으로 다가왔습니다.

도판 3　경기 화성시 향남읍 장짐리의 '효천 최해붕 선생 송덕비'의 뒷면 (2021년 8월)

서울 방향에서 향남읍 구도심으로 들어서는 초입에는 발안성당과 송덕비 말고도 '수원화성오산축산농협 발안지점' 건물이 있습니다. 농협, 축협, 신협 등의 건물은 구도심 입구와 중심부가 어디인지를 가리키는 도시 화석입니다. 향남읍에서는 구도심 북쪽에 자리한 축협 건물과 구도심 남쪽에 자리한 발안농협 본점, 화성우리신협 본점 건물이 향남 구도심의 지리적 범위를 시각적으로 보여 줍니다. 현재 발안농협 본점은 발안만세시장에서 옮겨 온 것이며, 옛 본점 자리에는 NH농협은행 발안지점이 들어서 있습니다.

한국판 마이크로크레디트(microcredit)라고 할 신용협동조합은 종교를 기반으로 삼는 사례가 많습니다. 화성시 향남읍의 화성우리신협과 송산면의 화성제일신협은 각각 발안성당과 사강성당을 기반으로 하지요.

도판 4 　경기 화성시 향남읍 평리의 발안농협 본점 준공 기념식수 표지석 (2021년 8월)
도판 5 　경기 화성시 송산면 사강리의 '화성제일신협의 발상지' 기념석 (2021년 4월)

　　향남읍 구도심 초입에 있는 또 한 종류의 중요한 시설은 '발안이슬람
사원'과 가톨릭에서 운영하는 '까리따스이주민화성센터'입니다. 발안성
당에서 언덕을 내려와 옛 신작로로 들어서자마자 나타나는 베트남, 인도
네시아, 인도, 네팔, 필리핀, 중화인민공화국 등 수많은 국적의 점포 사이
에 이주빈들을 성신적으로 지원하는 이들 시설이 자리합니다.

　　대도시 바깥을 답사할 때는 '월드 마트', '할랄 마트' 등의 점포가 얼마
나 존재하는지로 다인종·다문화 정도를 확인합니다. 향남읍 구도심에는
이들 점포가 셀 수 없을 만큼 많이 들어서 있습니다. '한국이 다인종·다문
화 국가가 되어야 하는가, 아닌가?' 하는 대도시 일부 시민의 논의가 얼마
나 현실과 동떨어졌는지를 향남의 옛 신작로를 걸으면 알게 됩니다.

도판 6　　　경기 화성시 향남읍 구도심에서 확인한 '다인종·다문화 국가' 한국 (2021년 8월)

　　향남읍 구도심이 다인종·다문화 지역이 된 가장 큰 이유는, 이곳이 향남 일대에서 서울로 향하는 가장 가까운 곳이었기 때문일 터입니다. 물론 외국인 노동자들이 일하는 공단은 구도심에서 좀 더 깊이 들어간 주변 지역에 있지만, 서울로 가는 시외버스 터미널이 있던 구도심에 이들이 모이면서 시장이 형성되고 종교 시설이 들어섰을 것입니다. 화성시와 마찬가지로 외국인 노동자가 많이 거주하는 경기도 북부의 포천시에도, 포천의 중심지인 포천시청 쪽이 아니라 서울에 가까운 가장 남쪽인 소흘읍에 다인종·다문화 지역이 형성되고 이슬람 사원이 들어서 있습니다.

　　다국적인 모습의 향남 구도심을 관통하면 발안농협 본점 건물 동쪽으로 농지가 펼쳐지고, 그 너머로는 행정리의 고층 아파트 단지가 장벽을

이루며 서 있습니다. 그곳이 '향남 신도시'라고 불리는 지역입니다. 구도심과 신도시 사이를 가르는 기능을 하는 농지는 머지않아 개발될 것으로 보입니다. 이곳에 서해선과 신안산선 역세권이 형성되면 '빈 땅'을 내버려 둘 리가 없습니다. 지난 반세기, 한국의 도시는 그렇게 확대되었지요.

그러나 향남 신도시는 단순히 빈 땅에 들어선 것이 아닙니다. 이곳에는 지금도 '수용소마을'이라는 지명이 남아 있습니다. 한글학회의 『한국지명 총람 18』에서는 이곳 지명에 대해 "행정수용소촌: (행정리에서 가장 큰 마을인) 서면 남쪽에 있는 마을. 6·25사변 때 난민 수용소가 있었음."이라고 서술하지요.

1979년 제작된 지도에는 수용소마을 위치에 몇 채의 길쭉한 건물이 그려져 있으며, 그곳에 '문화촌'이라 쓰여 있습니다. 임시 건물이던 수용소 건물을 현대적으로 바꿨다는 뜻에서 문화촌이라는 지명을 붙였을 터입니다. 『대서울의 길』에서 경기도 고양시 일산 신도시를 소개하며 밝힌

도판 8　　경기 화성시 향남읍 행정리의 향남 신도시 1지구 (2021년 8월)

것처럼, 고양 일산의 수용소마을도 오스트레일리아 시민들의 지원을 받아 수용소 건물을 개조한 뒤 '문화촌'이라는 이름을 붙였지요.

6·25전쟁 때 한반도 북부에서 탈출한 피란민들은 출신지에 따라 전국 곳곳에 분산 수용되었습니다. 이들은 각지의 원주민이 살지 않는 벌판이나 골짜기에 자리 잡았지요. 그 뒤 경기도 고양시의 '수용소마을'은 일산 신도시로 개발되었고, 서울 강서구의 '수용소들'은 마곡 신도시로 바뀌었습니다. 화성시의 '수용소마을' 또한 향남 신도시로 탈바꿈했지요. 한때 피란민들이 이곳에 머물던 흔적은 찾을 수 없었습니다.

향남 신도시 지역에서 월남민이라는 이주민들의 흔적이 사라졌다면, 다인종·다문화 지역이 된 향남읍 구도심 한편에서는 원주민들의 마지막

도판 9   경기 화성시 H105번 버스 안 풍경 (2023년 1월)

흔적이 사라지는 중입니다. 화성우리신협 본점이 자리한 발안만세시장의 남쪽에는 아마도 농촌 시절부터 이어져 왔을 길과 건물들이 작은 마을을 이루고 있습니다. 그곳의 건물에는 '화성시 향남읍'이 아닌 '화성군 향남면'이라는 옛 지명을 남긴 문패가 달려 있지요.

2021년 이 마을 바로 옆에는 호텔·모텔촌이 들어섰으며, 포장도로가 건설되고 있었습니다. 거기서 만난 주민분은 지형을 살피고 건물 사진을 찍는 우리 답사 팀을 경계했지요. 그분은 답사 팀에게 '도로 건설과 함께 마을도 철거되는 것은 아닌지 두렵다'고 말했습니다.

화성시 향남에서는 원주민의 흔적도, 6·25전쟁 피란민의 흔적도 함께 사라져 갑니다. 이들 선주민의 흔적을 덮으며 새로운 다인종·다문화 사회가 형성되고 있습니다. 향남읍보다 좀 더 공장이 많은 우정읍 조암리로

도판 10　경기 화성시 옛 조암터미널 주변의 식당들 (2023년 1월)

향하는 H105번 버스 안에는 한국인 노인들과 외국인 청년들이 타고 있었습니다. 그리고 이 버스에서 내린 옛 조암터미널 주변에는 순대 국밥집과 베트남·타이 식당들이 나란히 영업 중이었지요. 이렇게 동탄이 아닌 화성시에서 '다인종·다문화 국가' 한국은 이미 실현되었습니다. 대도시 중산층 시민들만 그 사실을 모릅니다.

기록들이 더는 사라지지 않도록

"한국인은 기록의 민족"이라고 말하는 사람들이 있습니다. 이들은
『조선왕조실록』과 『승정원일기』 같은 조선 시대의 정부 기록이나, 한반
도 각지의 옛 양반 집안에 전해 오는 문헌들을 떠올리고 그런 말을 하는
것 같습니다.

하지만 오늘날 전해지는 조선 시대의 기록은 대개 몇몇 정부 문서나
지배 집단의 문헌일 뿐입니다. 한때 조선 인구의 절반에 육박하던 노비를
비롯한 피지배 집단이 남긴 문서는 빈약하기 짝이 없습니다. 대다수 한국
시민의 조상에 해당하는 노비와 평민의 기록이 조선 시대 지배 집단의 것
과 비교해 상대적으로 적게 남아 있다는 뜻입니다. 다른 나라의 동일한
계급이 작성하고 남긴 문헌의 양에 비하면 더욱 초라합니다.

근현대 들어서는 정부 및 각종 공공 기관, 회사들이 작성한 기록조차
도 많이 흩어져 버렸습니다. 최근 제가 관심을 두고 있는 철도를 사례로
들면, 식민지 시기에는 조선총독부가 운영한 국철이 아니라 민영 회사에
서 건설한 사철 노선이 많았습니다. 그 가운데 가장 유명한 것이, 1937년
개업해 1996년에 운행을 중단했다가 2020년 9월 12일 재개통한 수인선
입니다. 수원과 인천을 잇는 수인선을 건설한 조선경동철도주식회사를

비롯한 식민지 시기 한반도의 사철 회사들은 중일전쟁과 태평양전쟁 중에 일부 국유화되었습니다. 이후 해방부터 6·25전쟁까지의 기간에는 사철 노선이 모두 국유화되었으니, 사철 회사가 남긴 기록은 '국가 기록'이 된 셈입니다. 그런데 문제는 이들 회사의 기록이 대부분 사라져 버려서 '그 시기에 왜 특정 노선을 부설했는지, 재정 상태와 정치적·경제적·문화적 맥락은 어떠했는지'를 알 수 없게 되었다는 점입니다.

철도 관련 기록은 해방과 6·25전쟁이라는 정치적 혼란 때문에 사라졌다고 치더라도, 1960년대에는 의도적·비의도적으로 정부 기록이 폐기되었으니 문제가 더욱 심각합니다. 현대 서울 도시계획의 산증인인 손정목 선생은 현대 한국의 정부 기록이 사라진 이유를 세 가지로 듭니다.

첫 번째는 정부 부처와 각종 단체에서 경쟁적으로 일어난 폐지 수집 운동 때문입니다. 두 번째는 박정희 정부 때 '차트 행정'이 정착하면서 차트를 만들기 위해 이용한 자료가 버려지고, 그 뒤 차트 자체도 폐기되었기 때문입니다. 세 번째는 1971년 12월 25일 서울 명동 대연각호텔 화재 사건 이후의 감사 과정에서 기록이 남아 있어 관련 공무원들이 처벌받았기 때문에 그 뒤 "주요 건물의 건축에 관한 도면 같은 것은 보전 연한이 지나면 재빨리 없애 버리는 관례가 생겨났다."라는 것이지요(손정목 『서울 도시계획 이야기 1』). 그런 관례로 인해, 1995년 6월 29일 서울 서초동 삼풍백화점 붕괴 사고가 발생했을 때 건물 설계와 준공검사 관련자들은 처벌을 면했습니다.

손정목 선생이 소개한 사례들처럼 의도적이지는 않더라도, 보존하는 방법을 몰라 담당자가 문서를 방치한 경우도 많습니다. 2019~2021년 서울기록원에서는 1980년대 서울 양천구 목동 신시가지 건설 과정에서 생산된 기록군이 전시되었습니다. 서울기록원 홈페이지(archives.seoul.go.kr)에서 지금도 온라인 전시로 확인할 수 있지요. 이 기록군은 신시가지 건설이 끝나고 캐비닛과 서류함에 넣어진 뒤 잊혔다가, 2016년 6월 목동열병합발전소에서 발견되었습니다. 목동 신시가지 건설 관련자들이 기록을 파기하려는 의도는 없었던 듯하지만, 어떻게 보존할지에 대한 방침이 없다 보니 이런 상태로 오늘날에 전해진 것으로 짐작됩니다.

2019년 서울 마포구 월드컵공원에서 발견된 난지도 쓰레기 매립지 관련 기록군의 사례도 그와 비슷합니다. 1978~1993년 수도권 쓰레기 매립지로 기능한 난지도를 촬영한 필름과 사진이 담긴 상자가 2019년에 서부녹지사업소(현재 서부공원여가센터) 지하 캐비닛에서 발견되었습니다. 이 상자를 발견한 이정아 주무관은, 쓰레기 매립지가 운영되던 당시에 관련자들이 적절한 기록 보관 방법을 알지 못해서 이런 식으로 전해졌을 것으로 추측합니다(『2019 공원학 개론 '공원 아카이브: 기억과 기록'』).

공공 기관의 기록 보존 실태가 이럴진대, 개인과 사적 집단의 경우는 더 말할 나위도 없는 것이 기록을 둘러싼 현대 한국의 현실입니다. 따라서 기록을 생산하고 보존하는 문화가 현대 한국에 정착하려면 우선 '한국인은 기록의 민족'이며 '한국에는 풍부한 기록이 전해진다'는 잘못된 선입견을 버리고, 지금부터 한국 사회는 새로운 마음으로 기록 생산과 보존을 시작한다는 겸허함을 지닐 필요가 있습니다.

중화민국의 장제스 국민당 정부는 1948년 12월에서 1949년 2월까지 세 차례에 걸쳐 총 3,822상자 분량의 문물을 타이완으로 옮겼습니다(이에나가 마사키 「고궁박물원을 둘러싼 전후의 양안 대립」). 그 상자들에는 문헌 자료도 상당량 있었지요. 저의 관심 분야에서는, 후금·대청제국을 세운 누르

하치와 홍타이지의 행적을 전하는 1차 사료인 『만문원당(滿文原檔)』 또는 『구만주당(舊滿州檔)』이 거기에 포함되어 있었습니다. 그런데 이를 두고, 문물 상자를 군함에 실어 나르느라 피란민들을 태우지 못했다며 '사람보다 물건이 더 중요했느냐?' 하는 비판이 제기된 바 있습니다. 물론 수긍할

만한 비판이지만, 중화권 시민들이 개개인의 목숨 이상으로 문물과 문헌을 소중하게 여겼다고 이해할 여지도 있지요.

일본의 경우에는 도쿠가와막부의 명령으로 홋카이도, 쿠릴, 사할린의 선주민인 아이누인의 삶을 조사한 마쓰우라 다케시로(1818~1888)가 제작한 문헌이 지금까지 전해지게 된 과정이 주목됩니다. 마쓰우라 다케시로의 후손은 그가 남긴 기록을 공공재적 성격을 띤 것으로 인식했습니다. 그래서 1923년 간토대지진과 1940년대 중반의 태평양전쟁 중에는 집안의 전 재산을 포기하고 이들 문헌만을 지닌 채 피란했습니다(《경향신문》 2016년 5월 27일 자 「조상의 책을 지킨다는 것」). 오늘날 중화민국 타이완과 일본에 수많은 기록이 남아 있는 까닭은 그 지역들이 한반도에 비해 외부 세력의 침략을 덜 받았기 때문이 아니라, 기록을 목숨 이상으로 소중히 여기는 사람들이 있었기 때문입니다.

조선 시대 후기에 총 60권으로 된 방대한 백과사전인 『오주연문장전산고(五洲衍文長箋散稿)』를 남긴 이규경은 「우리나라 서적의 수난에 대한 변증설[書籍坊肆辨證說]」에서, 한반도에서 책이 없어진 열 가지 이유를 들고 있습니다. 그는 당나라가 고구려를 침략한 일이나 임진왜란·병자호란보다 더 큰 이유가 따로 있다고 주장합니다. "우리나라 풍속이 책을 귀중하게 여길 줄을 몰라서 책을 뜯어 다시 종이를 만들거나 벽을 발라 차츰 없어"졌다는 것입니다.

심지어 『오주연문장전산고』조차 원래 저서의 일부분만 전해집니다(《한겨레》 2008년 11월 14일 자 「최남선의 인색함에 날아간 문화유산」). 한국에 기록이 얼마 남지 않은 것은 외국의 침략 때문이라고 말하는 한국 시민들이 있지만, 이규경은 이들보다 자성적이고 객관적인 진단을 내렸습니다.

책을 뜯어 벽에 바르는 것은 조선 시대만의 일이 아니라 근현대 한반도에서도 흔했습니다. 초기 영화필름들도 밀짚모자의 챙을 두르는 데 사용되는 바람에 전해지지 않게 되었다는 말이 있지요.

이렇게 한반도에서 기록이 전해지는 과정을 시간순으로 살피고 옆 나라들과 비교해 보면 한국인은 기록을 사랑한 사람들이 아니라, 기록을 사랑하지 '않은' 사람들이라는 표현이 더 적확하게 여겨집니다. 그나마 조선 시대에는 정부 기관과 몇몇 지배 집단이 왕성히 기록을 생산하고 전하려는 노력이라도 했으며, 식민지 시기에는 제국 일본의 기록 생산과 보존 방식이 적용되기도 했지만 해방과 6·25전쟁 이후로는 조선 시대와 식민지 시기의 전통이 거의 끊겼습니다.

현대 한국을 한마디로 묘사하면 '아파트 단지 건설과 신도시 개발을 통해 확장하고 성장하는 나라'라 할 수 있습니다. 그러나 아파트 단지 건설과 신도시 개발이 현대 한국 시민 대다수의 관심사인 데 비해 이 과정을 문서로 기록하고 그 문서와 도장, 기념물 등의 비문자 자료를 보존하려는 의지는 상대적으로 빈약합니다. 서울 양천구 목동 신시가지 건설에 관한 각종 문서와 비문자 자료가 2016년에 어떤 상태로 발견되었는지가 이러한 무관심을 상징적으로 보여 줍니다.

무관심하기만 하면 다행입니다. 어떤 시민 또는 집단은 기록을 남기는 데 적대적이기까지 합니다. 이와 관련한 두 가지 사례를 최근 접했습니다. 한 가지는 재건축을 앞둔 아파트 단지가, 정부 부처에서 아파트 단지에 보존된 기록에 관심을 보이자 그것을 파기해 버린 경우입니다. 어떤 건물을 문화재로 지정하려 하면 소유주가 즉시 철거해 버리는 일이 반복되고 있는데, 그 아파트 단지의 기록도 마찬가지 경우라 할 수 있습니다.

또 한 가지는 아파트 단지의 실측 조사를 위해 경비실에 들어간 대학 연구 팀이 그곳의 캐비닛에서 단지 건설 당시의 문서를 대량으로 발견했지만, 경비실 측에서 대여를 금지했기 때문에 현장에서 몇몇 문서를 조사하는 데 그쳤다는 것입니다. 이 아파트 단지도 2022년 말에 철거가 끝났는데, 그 문서들은 아마 재건축과 함께 소실되었을 터입니다.

제가 이 두 가지 사례를 든 것은, 기록을 파기해 버린 아파트 단지 주민 개개인이나 재건축 조합을 비난하기 위해서가 아닙니다. 한국의 주거 정책이 근본적으로 방향을 전환했음을 보여 주는 1970년대 초의 고층 아파트 단지들은, 현재 그곳에 살고 있는 소유주들의 것임과 동시에 현대 한국 공동의 자산이기도 합니다. 일각의 주장처럼 아파트 단지를 재건축할 때 건물 한 동을 남기게 하는 것은 지나친 재산권 침해이자 과유불급일 터입니다. 하지만 아파트 단지에 관한 '기록'을 철저히 조사·보존하자는 것은 정부나 시민사회가 관련자들에게 충분히 요구할 수 있는 수준이라고 생각합니다.

이렇듯 사유물임과 동시에 공공적 성격을 띤 기록의 보존을 개인의 도덕심이나 의무감에만 호소해서는 안 됩니다. 따라서 아파트 단지와 여러 신도시, 뉴 타운에 관한 기록을 남기는 개인이나 집단에 대해서는 공공 기관이 '인센티브'를 줄 필요가 있습니다. 예를 들어 아파트 단지를 비롯한 특정 지역을 재건축하거나 재개발할 때, 해당 지역에 남아 있는 문서를 정리해 공공 기관에 제공하면 용적률 등에서 일정 정도의 제도적 혜택을 주는 방법을 생각할 수 있겠습니다.

'문서를 제공한다고 해서 경제적인 특혜를 주는 것은 과도하다'고 생각하는 정부 부처가 있을 터입니다. 하지만 정부 측이 기록 보존을 위해 최소한의 대가를 지급할 용의가 없다면, 시민 개개인에게 문서 보존을 호소할 정당성은 존재하지 않습니다. 공공 기관은 우선 자체적으로 생산한 문헌을 보존하려는 의지를 지녀야 합니다. 그리고 시민 개개인과 사적 조직이 문헌을 보존하는 것을 도와주고 장려해야 하지요.

모리 야스히코라는 일본의 고문서학자는 어릴 때의 놀라운 경험을 다음과 같이 회상합니다. 자신의 집안은 대대로 시골 마을의 촌장을 역임했는데, 1949~1950년 무렵 자기 집에 대학의 연구자들이 찾아와서는 창고 안의 고문서들을 보여 달라며 아버지에게 간청했다고 합니다. 아버지가 너무나도 완강히 요청을 거부했기에, 이상하게 생각되어서 이유를 물어봤지요. 그랬더니 '조상들이 다른 사람들에게서 돈을 빌린 차용증 같은 것이 많아서, 남에게 보여 주면 안 된다'고 아버지는 답했습니다. 하지만 연구자들도 포기하지 않고 끈질기게 부탁해서 마침내 고문서들을 조사하게 되었는데, 어느 날부터 갑자기 아버지가 이들에게 과자와 차를 내주면서 융숭하게 접대를 시작했다고 하네요. 그 이유를 물어보니, 고문서 뭉치 안에서 조상이 감춰 뒀던 금화(金貨)가 발견되었다는 것입니다(모리 야스히코 『고문서를 읽다』).

어떤 집안, 회사, 마을에 있던 문서가 파기되었다는 소식을 접할 때마다 이 이야기를 떠올리곤 합니다. "당신이 버리려는 그 문서가 금덩어리는 아니지만 한국 사회에 큰 가치를 지니고 있으니, 남들에게 공개하면 좋겠지만 그러지 않더라도 제발 없애지는 말아 달라."라고 간청하고 싶을 때가 한두 번이 아닙니다.

바라건대는 서울 지역에서 서민을 대상으로 건설한 회현제2시민아파트나 와우아파트와 달리, 오늘날까지 이어지는 중상류층의 거주지로서

'고층 아파트 단지'라는 개념이 처음으로 적용된 이촌시범아파트, 여의도 시범아파트, 반포주공아파트 등에 대해서라도 이러한 방침이 실현되면 좋겠습니다. 또한 서울시의 인구 집중을 억제하기 위해 서울 주변 경기도 지역에 건설된 1·2기 신도시는, 어떤 의미에서는 서울의 확장이며 제 표현으로는 '대서울'의 일부입니다. 이들 1·2기 신도시의 건설 과정에서 생산된 문서의 보존에 관해서도, 서울시와 경기도 각 도시가 협력 체제를 구축할 필요가 있을 것입니다.

| 도판 출처 |

그 밖의 도판은 모두 ⓒ김시덕

단행본

강성호. 『마을에 깃든 역사 도시 순천』, 부천: 부크크, 2017.

고연희·김동준·정민 외. 『한국학, 그림을 그리다: 우리 시대 인문학자 32인의 그림 읽기, 문화 그리기』, 파주: 태학사, 2013.

공보부. 『혁명정부 1년간의 업적』, 서울: 공보부, 1962.

광주·전남지역생활야학연합회. 『거칠지만 맞잡으면 뜨거운 손』, 광주: 도서출판 광주, 1988.

김일태·김국현·김한식 외. 『광주 경제 지도』, 광주: 전남대학교출판부, 2012.

김정자. 『미군 위안부 기지촌의 숨겨진 진실: 미군 위안부 기지촌 여성 최초의 증언록』, 파주: 한울아카데미, 2013.

김종석. 『한국 메시아 운동사 연구 제3권: 한국의 육신 영생 신앙』, 파주: 청년사, 2010.

대한나관리협회. 『한국 나병사』, 시흥: 대한나관리협회, 1988.

박준수. 『비아 첨단마을 옛 이야기: 황톳빛 그리운 시간 여행』, 광주: GIST PRESS, 2020.

박해천. 『아수라장의 모더니티』, 서울: 워크룸프레스, 2015.

서상요. 『성라자로마을 50년사』, 의왕: 성라자로마을, 2000, 증보판.

서울역사편찬원. 『미싱은 돌고 도네 돌아가네』, 서울: 서울역사편찬원, 2016.

서울특별시사편찬위원회. 『서울 지명 사전』, 서울: 서울특별시사편찬위원회, 2009.

서울특별시사편찬위원회. 『서울특별시 동명 연혁고 XIII: 관악·동작구 편』, 서울: 서울특별시, 1989.

서울특별시 푸른도시국 공원녹지정책과. 『2019 공원학 개론: '공원 아카이브: 기억과 기록'』, 서울: 서울특별시 푸른도시국 공원녹지정책과, 2019.

손정목.『서울 도시계획 이야기 1: 서울 격동의 50년과 나의 증언』, 서울: 한울, 2003.

손정목.『서울 도시계획 이야기 3: 서울 격동의 50년과 나의 증언』, 서울: 한울, 2003.

송시익.『내가 걸어온 영주 반세기』, 대구: 상지사, 1979.

안건혁.『분당에서 세종까지: 대한민국 도시 설계의 역사를 다시 쓰다』, 파주: 한울아카
  데미, 2020.

오상준.『리차드 위트컴: 6·25전쟁 폐허 속에서 핀 인류애』, 부산: 호밀밭, 2022.

원풍동지회.『풀은 밟혀도 다시 일어선다: 국가 폭력에 맞선 원풍 노동자 이야기』, 서울:
  학민사, 2019.

원풍모방노동운동사발간위원회·민주화운동기념사업회.『원풍모방 노동운동사』, 서울:
  삶이보이는창, 2010.

임지현·김용우.『대중 독재: 강제와 동의 사이에서』, 서울: 책세상, 2004.

전순옥.『끝나지 않은 시다의 노래: 1970년대 한국 여성 노동운동에 대한 새로운 자리매
  김』, 서울: 한겨레신문사, 2004.

전 YH 노동조합·한국노동자복지협의회.『YH 노동조합사』, 서울: 형성사, 1984.

제임스 C. 스콧.『조미아, 지배받지 않는 사람들: 동남아시아 산악 지대 아나키즘의 역
  사』, 서울: 삼천리, 2015.

최인훈.『화두 제1부』, 서울: 민음사, 1994.

최중현.『한국 메시아 운동사 연구 제1권』, 서울: 생각하는백성, 1999.

폴 코트라이트.『5·18 푸른 눈의 증인: 폴 코트라이트 회고록』, 서울: 한림, 2020.

한광야.『도시에 서다 1 — 한국 도시의 형성과 진화: 순천 여수 구례 남원』, 서울: 상상,
  2016.

한글학회.『한국 지명 총람 18: 경기 편·하, 인천 편』, 서울: 한글학회, 1993, 초판 2쇄.

한하운.『한하운 전집』, 서울: 문학과지성사, 2010.

《현대종교》편집국.『자칭 한국의 재림주들』, 서울: 현대종교 국제종교문제연구소,
  2002.

황선금.『공장이 내게 말한 것들: 민주 노조의 전설 원풍 노조 노동자들의 구술 생애사』,

서울: 실천문학사, 2016.

大木春三. 『趣味の朝鮮の旅』, 京城: 朝鮮印刷株式会社, 1927.

森安彦. 『古文書を読もう』, 東京: 講談社, 2003.

기고 논문

이영택. 「종교 취락의 성립과 기능: 신앙촌의 예」. 『지산 선생 화갑 기념논문집』, 서울: 민
중서관, 1966.

학위논문

김성태. 「실향민 정착지로서의 부산 구릉지 주거 경관」, 서울: 서울대학교 대학원 협동
과정 도시설계학 전공 석사 학위논문, 2015. 8.

잡지 및 학술지 기사

방영미. 「신천지에 유혹당하는 이유」. 《가톨릭평론》 제20호, 서울: 우리신학연구소,
2019. 3.

조관연. 「'마을 가꾸기 사업'과 부산 안동네마을의 변화」. 《한국민족문화》 제41호, 부산:
부산대학교 한국민족문화연구소, 2011. 11.

家永真幸. 「故宮博物院をめぐる戦後の両岸対立(1949-1966年)」. 《日本台湾学会報》 第九号, 千葉: 日本
台湾学会, 2007. 5.

기타 보고서

국가인권위원회. 「한센인 인권 실태 조사」, 2005. 12.

상도제1구역주택개량재개발설립위원회. 「상도 제1구역 주택 개량 재개발사업에 따른 교통 영향 평가」, 1992. 9.

전도관구역주택재개발정비사업조합·겨레문화유산연구원. 「인천 전도관 구역 주택 재개발 부지 문화재 지표 조사 보고서」, 2009. 7.

언론 기사 및 광고

《강원도민일보》. 「산업 유산 관광 루트를 찾아서」, 2011. 9. 28.

《강원도민일보》. 「"영월 옛 옥동광업소 폐삭도 시설 철거해야"」, 2020. 11. 16.

《강원도민일보》. 「이것이 산업 유산이다」, 2011. 9. 14.

《경기일보》. 「파주 장곡리 움집을 아시나요… 6·25 피난민들이 한동안 모여 살던 곳」, 2018. 6. 24.

《경향신문》. 「서울 마지막 상이용사촌 헐린다」, 1990. 6. 23.

《경향신문》. 「조상의 책을 지킨다는 것」, 2016. 5. 27.

《경향신문》. 「한센인 수용이 일제의 만행이라면, 해방 후 그들을 학살한 것은 누구인가」, 2019. 12. 2.

《광산저널》. 「신가동 주택 재개발사업 '가속화'」, 2012. 12. 21.

《광주드림》. 「신가 지구 재개발 급히 가다 '주춤'」, 2006. 6. 28.

《뉴스민》. 「대구 한마음아파트의 오해와 진실」, 2020. 3. 11.

《데일리메디》. 「메르스·코로나19 '수퍼 전파자' 공통점과 차이점」, 2020. 2. 23.

《동아일보》. 「광주 공단 7백만 평 지정」, 1978. 5. 18.

《동아일보》. 「부산에 사상 초유의 대화」, 1953. 11. 29.

《동아일보》. 「신흥종교 단체 '장막성전교회' 수사」, 1975. 4. 3.

《동아일보》.「안양 평촌 택지 공영 개발 주민들 반대」, 1986. 4. 11.

《동아일보》.「이수 단지·강남 외인 주택 지역에 도시가스 연내 공급」, 1976. 2. 5.

《라펜트 조경뉴스》.「사당천 복개 도로가 확 달라진다」, 2010. 4. 19.

《매일경제》.「조합·상가 갈등, 재건축 사업에 직격탄」, 2019. 11. 26.

《매일경제신문》.「서울의 뉴 타운 [1] 이수 단지」, 1976. 7. 2.

《매일경제신문》.「우리 도에 공장을 [4] 전남(광주)」, 1987. 5. 11.

《매일신문》.「'보존 vs 철거' 논란 일던 대구 캠프 워커 관제탑 역사 속으로」, 2022. 10. 12.

《매일신문》.「캠프 워커 서편 도로 반환되나… 3차 순환도로 완전 개통 기대」, 2021. 6. 17.

《부산일보》.「"부산 정책 이주지 18곳을 도시 재생 뉴딜 모델로"」, 2017. /. 31.

VOA.「미 위트컴 장군 상설 전시관 개관… "전후 부산 복구, 유해 송환에 헌신"」, 2018. 7. 13.

《신동아》.「육영수 여사」, 2008. 12. 2.

《신앙신보》.「인천전도관 개관 집회」, 2006. 2. 22.

《영주시민신문》.「길 따라 세월 산책 [5] 선비로(신영주 통로)」, 2020. 4. 24.

《영주시민신문》.「류창수의 잊혀진 영주 역사 이야기 [25] 원당천 수로 변경 공사 [1]」,
    2018. 12. 28.

《영주시민신문》.「류창수의 잊혀진 영주 역사 이야기 [26] 원당천 수로 변경 공사 [2]」,
    2019. 1. 11.

《영주시민신문》.「영주의 진산 철탄산 아랫마을 '숫골'」, 2019. 2. 18.

《이뉴스투데이》.「정선군, 석항 무연탄 저탄장에 1,400억 규모 민자 유치」, 2021. 8. 31.

《조선비즈》.「정의선 현대차 부회장을 외손녀사위로 둔 '대부' 이상순」, 2014. 11. 7.

《조선일보》.「무허가 비닐하우스촌 화재로 천3백 평 전소」, 1990. 3. 28.

《조선일보》.「여기 선다 70년대의 주택!」, 1970. 5. 30. 게재 광고.

《조선일보》.「'영주' 거울삼아 항구 대책」, 1962. 8. 30.

《조선일보》.「정의당 전 대표 "광주, 복합 쇼핑몰 없어도 5일장이 세 개나 있다"」, 2022.
    2. 18.

《조선일보》.「판자 집 대책은 없는가?」, 1957. 8. 20.

《조선일보》.「헌인마을의 비극이 드러낸 한국 현대사」, 2020. 8. 22.

《중앙일보》. 「나환자촌 습격」, 1970. 11. 13.

《중앙일보》. 「연세아파트, 서울은서 인수」, 1972. 3. 17.

《중앙일보》. 「한국모방 10여 년 "방랑" 끝에 다시 창업주 손에」, 1987. 5. 14.

《충북인뉴스》. 「무심천보다 낮은 그곳에 게딱지처럼 엎드린 삶」, 2010. 12. 16.

《충북인뉴스》. 「청주에 이런 곳도 있었네」, 2006. 6. 8.

《충청타임즈》. 「청주 70여 년 된 옛 피난민 수용소 '고스란히'」, 2018. 12. 19.

《충청타임즈》. 「71년 만에 다시 찾은 청주 영운동 옛 피난민 수용소」, 2018. 12. 17.

KBS. 「'재건축' 방배 5구역 명도 집행으로 충돌… 시위대 32명 체포」, 2020. 5. 11.

《한겨레》. 「우리가 잊어버린 최초의 위안부 증언자… 그 이름, 배봉기」, 2015. 8. 7.

《한겨레》. 「최남선의 인색함에 날아간 문화유산」, 2008. 11. 14.

《한겨레21》. 「하느님 20명, 재림 예수 50명」, 2013. 3. 2.

정부 선전물

《대한뉴우스》 제359호. 「영주 수로 변경 공사」, 1962. 4. 7.

《대한뉴우스》 제794호. 「이런 일 저런 일」, 1970. 9. 19.

웹 페이지

'민주화운동기념사업회'. 「낮은 이들의 작은 처소, 이우정 1」, 2008. 12. 29. https://www.kdemo.or.kr/blog/people/post/235

'인천영상위원회 뉴스레터'. 「No. 40 Behind the scene: 전도관」, 2017. 7. 19. https://www.ifc.or.kr/user/board/view.php?sq=949&board_code=newspaper

북트리거 일반 도서

북트리거 청소년 도서

문헌학자의 현대 한국 답사기 2
버려진 것과 잊혀져 가는 것에 대한 기억록

1판 1쇄 발행일 2023년 9월 25일

지은이 김시덕
펴낸이 권준구 | 펴낸곳 (주)지학사
본부장 황홍규 | 편집장 김지영 | 편집 양선화 서동조 김승주
책임편집 서동조 | 디자인 정은경디자인
마케팅 송성만 손정빈 윤술옥 박주현 | 제작 김현정 이진형 강석준 오지형
등록 2017년 2월 9일(제2017-000034호) | 주소 서울시 마포구 신촌로6길 5
전화 02.330.5265 | 팩스 02.3141.4488 | 이메일 booktrigger@naver.com
홈페이지 www.jihak.co.kr | 포스트 post.naver.com/booktrigger
페이스북 www.facebook.com/booktrigger | 인스타그램 @booktrigger

ISBN 979-11-93378-02-1 03900

북트리거

트리거(trigger)는 '방아쇠, 계기, 유인, 자극'을 뜻합니다.
북트리거는 나와 사물, 이웃과 세상을 바라보는 시선에 신선한 자극을 주는 책을 펴냅니다.